MARAVILLAS DEL

Planeta Tierra

Escrito por Cally Oldershaw

Ilustrado por Angela Rizza
y Daniel Long

Introducción

La Tierra está en cambio constante. Algunos días son cálidos y soleados, mientras que otros son fríos, húmedos y tormentosos. Los diversos patrones meteorológicos del planeta transforman su superficie y, con el tiempo, hacen que las rocas se erosionen y los paisajes cambien. Los movimientos subterráneos pueden percibirse en la superficie de la Tierra en forma de terremotos y de volcanes. A lo largo de millones de años, las montañas se forman y se van desgastando.

En este mismo momento, puede que la hoja de un árbol esté cayendo en un lago, un diminuto grano de arena, siendo arrastrado por el viento a través de un desierto, y el agua rica en minerales, goteando en una cueva de piedra caliza. Pequeñas cosas como estas, repetidas a lo largo de millones de años, pueden causar grandes cambios. Al dedicarme a las ciencias de la Tierra, estudio nuestro planeta como lo haría un detective. También tú puedes hacerlo. Conocer cómo es la Tierra en la actualidad nos permite saber cómo era en el pasado y anticipar qué cambios podrían producirse en el futuro.

Cally Oldershaw

Cally Oldershaw
Autora

Contenidos

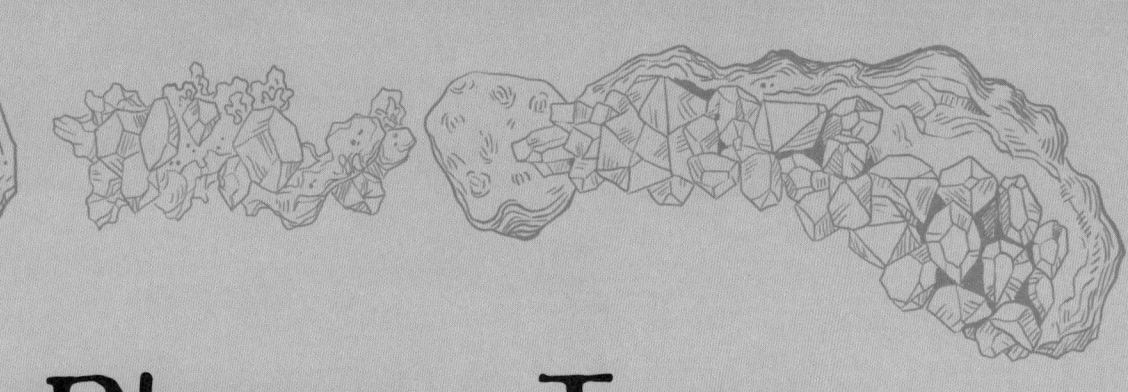

Planeta Tierra

Vivimos en un planeta muy especial que orbita alrededor del Sol junto con el resto de los que constituyen el sistema solar. La Tierra se formó hace unos 4500 millones de años y, gracias a su posición como tercer planeta más cercano al Sol, tiene agua y, por lo tanto, vida. A diferencia de cualquier otro, la actividad tectónica modifica de manera constante la forma de nuestro planeta. Además, contamos con el clima, que transforma también la tierra firme y el mar.

Las inclemencias del tiempo y la erosión desgastan las montañas, mientras que otras nuevas surgen donde chocan dos masas de tierra. En otros lugares, el terreno se rompe y se separa, y entonces aparecen océanos o erupciones de lava. El calor del interior de nuestro planeta nos proporciona energía geotérmica, una fuente de energía renovable que puede emplearse para generar electricidad. Su calor, combinado con la presión, forja y transforma las rocas. Es así como se crean los tesoros naturales de la Tierra, una magnífica colección que incluye minerales, piedras preciosas, cristales y metales.

La Tierra es el único planeta del sistema solar que sabemos que tiene agua en su superficie, lo que hace posible la vida.

En el sentido de las agujas del reloj desde arriba a la izquierda: cueva de Fingal, Escocia, cristales azules y blancos del interior de una geoda, diamante Herkimer incrustado en un lecho de roca, y mármol veteado de Italia.

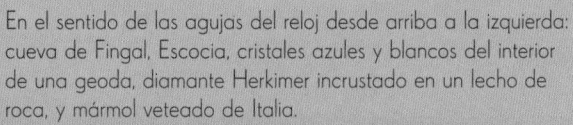

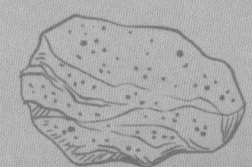

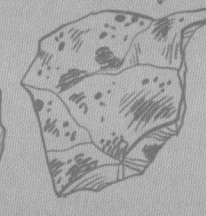

Las capas de la Tierra

La Tierra se formó hace unos 4500 millones de años. Era un planeta de magma fundido que se fue enfriando y en el que los metales más pesados se hundieron hacia el centro para formar el núcleo. Los elementos más ligeros, en cambio, no bajaron tanto y formaron el manto y la corteza de la Tierra.

Atmósfera

Al formarse la Tierra escaparon los gases que crearon la atmósfera, que está compuesta principalmente por nitrógeno, dióxido de carbono y vapor de agua.

Tierra firme

La tierra firme es la parte de la superficie del planeta que no está cubierta por agua, sino por rocas, tierra y vegetación.

Continentes Los siete continentes del mundo son: Asia, África, Norteamérica, Sudamérica, la Antártida, Europa y Australia.

Océano

Más del 70 por ciento de la superficie de la Tierra está cubierta por agua, dulce o salada. El agua de los océanos y mares del mundo es salada.

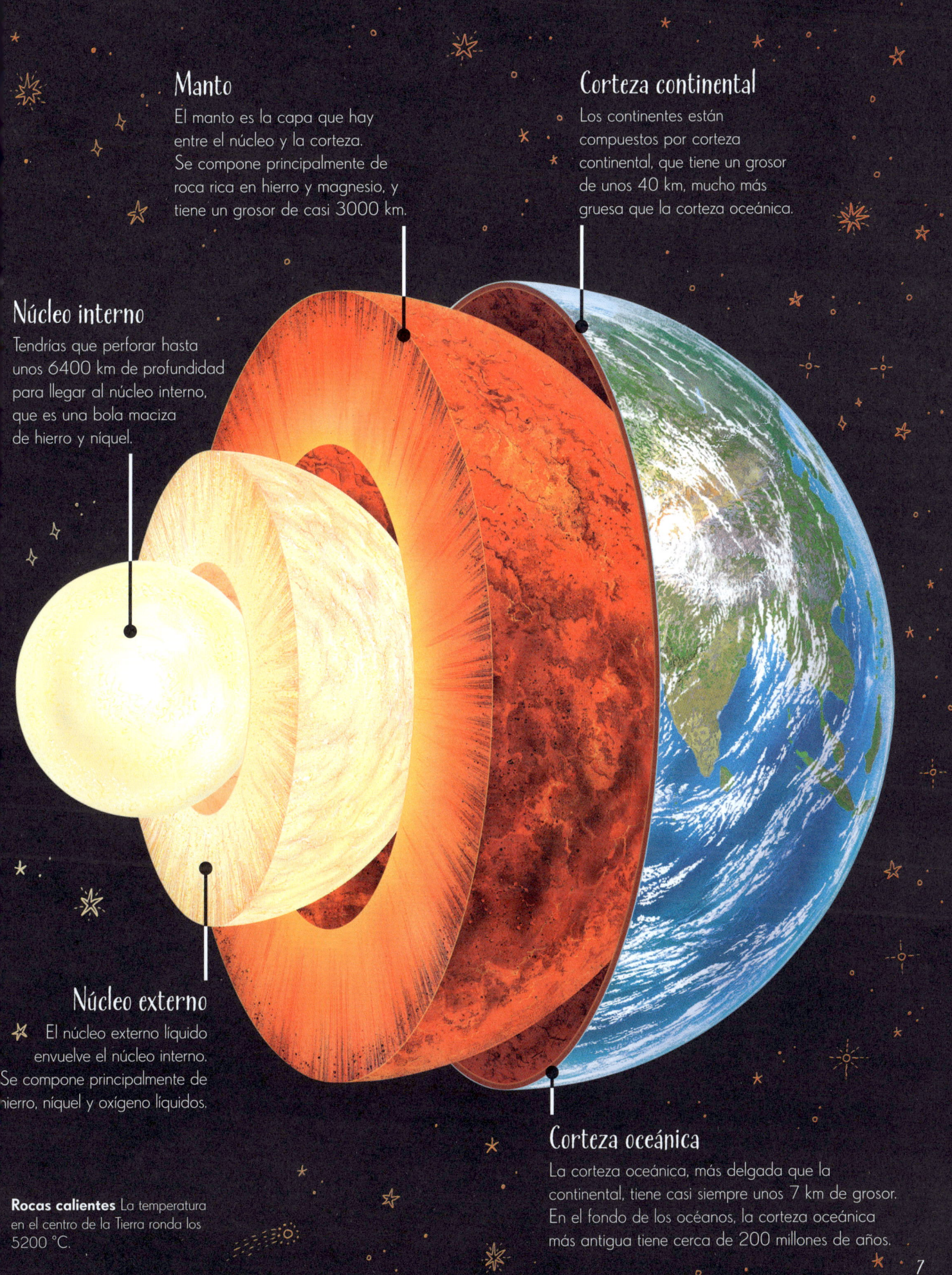

Manto

El manto es la capa que hay entre el núcleo y la corteza. Se compone principalmente de roca rica en hierro y magnesio, y tiene un grosor de casi 3000 km.

Corteza continental

Los continentes están compuestos por corteza continental, que tiene un grosor de unos 40 km, mucho más gruesa que la corteza oceánica.

Núcleo interno

Tendrías que perforar hasta unos 6400 km de profundidad para llegar al núcleo interno, que es una bola maciza de hierro y níquel.

Núcleo externo

El núcleo externo líquido envuelve el núcleo interno. Se compone principalmente de hierro, níquel y oxígeno líquidos.

Corteza oceánica

La corteza oceánica, más delgada que la continental, tiene casi siempre unos 7 km de grosor. En el fondo de los océanos, la corteza oceánica más antigua tiene cerca de 200 millones de años.

Rocas calientes La temperatura en el centro de la Tierra ronda los 5200 °C.

Núcleo

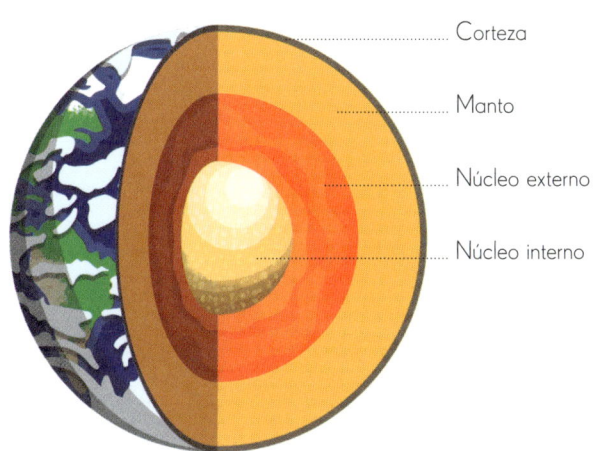

Corteza

Manto

Núcleo externo

Núcleo interno

Con 5200 °C, el centro de la Tierra está a una temperatura parecida a la de la superficie del Sol.

Si la Tierra fuera una manzana, el grosor de su corteza equivaldría al de la piel de la fruta. También como las manzanas, el planeta tiene un centro diferenciado, pero ¡no tiene rabillo! Sabemos que el núcleo de la Tierra se divide en dos partes: un candente núcleo interior sólido que está rodeado por una gruesa capa de líquido. El núcleo interno tiene un diámetro de unos 2400 km, y se compone de dos metales, níquel y hierro, mientras que el núcleo externo es principalmente una mezcla de hierro, níquel y oxígeno líquidos.

Para llegar al borde del núcleo externo tendrías que perforar hasta unos 3000 km de profundidad. Por el momento solo hemos perforado unos 12 km en el interior de la corteza terrestre, así que nos queda aún mucho camino por recorrer.

El núcleo interno de la Tierra está compuesto por los metales níquel y hierro, como este meteorito que se formó en la misma época que la Tierra.

La kimberlita es una roca volcánica que proviene del manto. Este cristal de diamante ha llegado a la superficie incrustado en kimberlita.

Manto

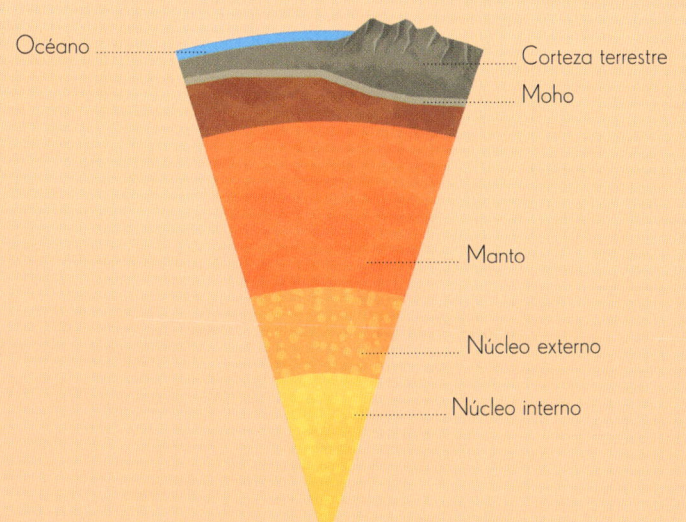

Océano .... Corteza terrestre

Moho

Manto

Núcleo externo

Núcleo interno

La gruesa capa de roca que separa el núcleo terrestre y la corteza se conoce como manto. Tiene un grosor de casi 3000 km. Las rocas oscuras del manto contienen muchos minerales de hierro y magnesio. Algunas tienen olivinas y piroxenos, e incluso granates o diamantes.

La frontera entre el manto y la corteza terrestre se denomina discontinuidad de Mohorovičić, o Moho, y debe su nombre a la persona que lo estudió: un científico croata llamado Andrija Mohorovičić. Nunca llegó a ver esa capa, pero sabía que existía porque, estudiando terremotos, observó que estos cambiaban de velocidad a una profundidad determinada, por lo que dedujo que allí encontraban un material distinto.

Los diamantes se forman a unos 160 km por debajo de la superficie de la Tierra.

Corteza rocosa

La magnífica cordillera de Torres del Paine se eleva, escarpada y majestuosa, en la Patagonia chilena. Toma su nombre de la palabra mapuche *payne*, que significa «azul celeste», por el color de sus paredes. La cordillera tiene su origen en movimientos subterráneos producidos a gran profundidad bajo la corteza terrestre. Hace 12 millones de años, la roca fundida o magma subió a través de las capas de la Tierra, pero, en lugar de emerger como la erupción de un volcán, el magma nunca llegó a la superficie, sino que la roca fundida se enfrió bajo tierra y formó una cúpula circular de granito. Durante la última glaciación, hace unos 14 000 años, el suelo estaba cubierto de hielo, y cuando este empezó a fundirse, la tierra y los sedimentos más blandos situados sobre el granito se erosionaron y fueron arrastrados. Paulatinamente, el granito se fue desgastando hasta que solo quedaron estas peculiares torres azuladas.

Corteza continental ....

Manto ....

Corteza oceánica

Cuando la húmeda corteza oceánica se hunde bajo el manto, se funde y forma magma. El magma líquido caliente asciende a presión por la corteza continental, y puede entrar en erupción y formar un volcán o bien enfriarse y formar montañas como las Torres del Paine.

La torre de granito más alta de las Torres del Paine tiene una altura de 2500 m. Se les llama torres porque se levantan hacia el cielo, y Paine, porque significa «azul» en el idioma de los tehuelches (aonikenks) de la Patagonia.

La Calzada del Gigante la forman unas
40 000 columnas de roca basáltica volcánica.

El camino del gigante

La lava volcánica que subió por la dorsal mediooceánica creó la Calzada del Gigante.

Dorsal mediooceánica

Corteza oceánica

Algunas columnas de la Calzada del Gigante, en Irlanda del Norte, alcanzan los 12 m de altura.

Según cuenta la leyenda, el gigante irlandés Finn McCool construyó un camino sobre el mar entre Irlanda del Norte y Escocia para enfrentarse al gigante escocés Benandonner, que le había retado a luchar. Benandonner perdió y, cuando regresó corriendo hacia Escocia, destruyó parte de la calzada.

La historia real de este extraordinario paraje es bastante distinta, pero igual de fascinante. Las columnas de basalto que componen la Calzada del Gigante se formaron con la lava líquida que erupcionó de la corteza oceánica hace unos 50-60 millones de años y se extendió formando una meseta plana. Al enfriarse, se fue encogiendo y resquebrajando, y se crearon miles de columnas de sección hexagonal.

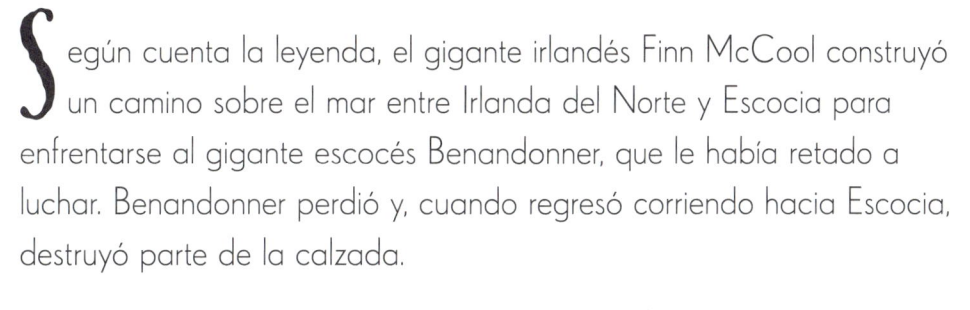

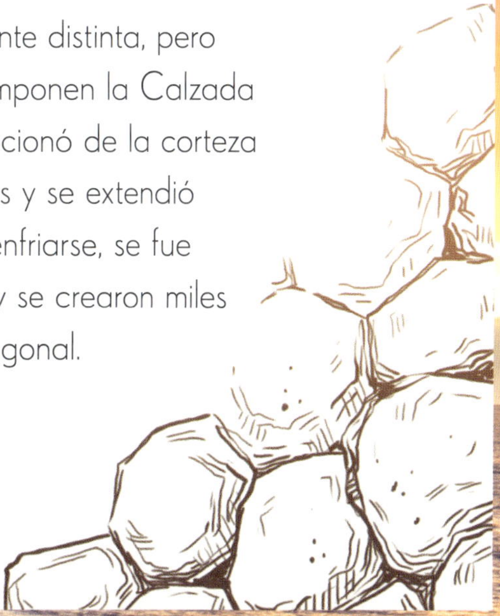

Cráter Barringer

Todos los años caen en la Tierra miles de meteoritos, pero muchos acaban en el mar y no son encontrados.

Los fragmentos de un meteorito crearon el cráter Barringer hace unos 50 000 años. El cráter mide unos 1200 m de ancho y 170 m de profundidad.

Los meteoros son estrellas fugaces que dejan una estela brillante en el cielo nocturno. Están compuestos de roca y residuos espaciales que se calcinan al cruzar la atmósfera terrestre. Los que impactan contra la Tierra, se conocen como meteoritos. Si por casualidad ves un meteorito que impacta contra el suelo, habrás sido testimonio de una «caída», y eso es algo que casi nunca ocurre: solo se han registrado unas 1500 caídas en toda la historia. Si el meteorito se encuentra más tarde, se considera un «hallazgo». Hoy en día, se conocen unos 66 000, pero quedan muchos más esperando a ser descubiertos por los cazadores de meteoritos.

Si un meteorito tiene el tamaño y la velocidad suficientes, puede formar un cráter al impactar contra la Tierra. Uno de los más grandes que existen es el cráter Barringer, en Arizona, Estados Unidos. Debe su nombre al geólogo Daniel Barringer, quien descubrió que el cráter era producto del impacto de un meteorito.

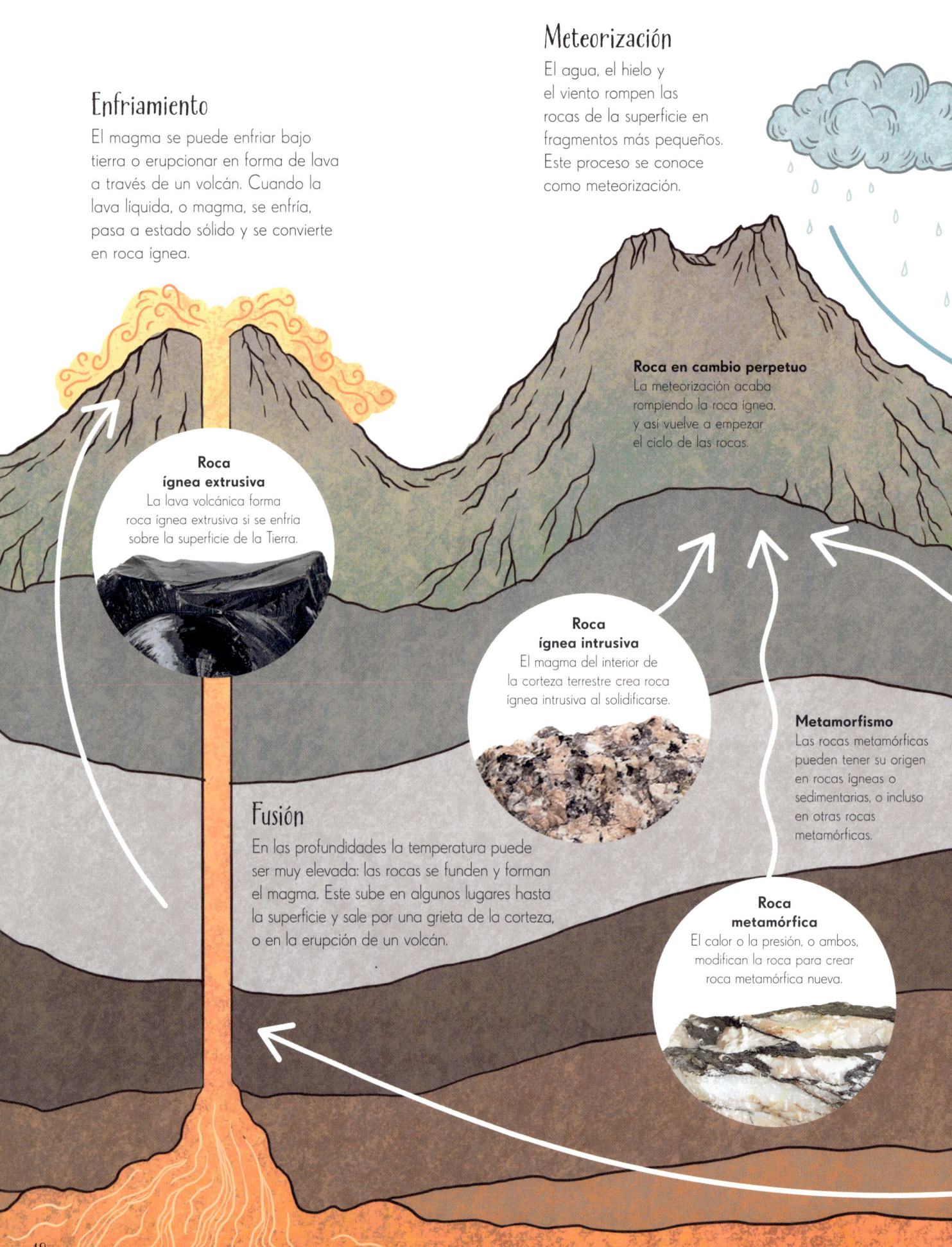

Enfriamiento

El magma se puede enfriar bajo tierra o erupcionar en forma de lava a través de un volcán. Cuando la lava líquida, o magma, se enfría, pasa a estado sólido y se convierte en roca ígnea.

Meteorización

El agua, el hielo y el viento rompen las rocas de la superficie en fragmentos más pequeños. Este proceso se conoce como meteorización.

Roca en cambio perpetuo
La meteorización acaba rompiendo la roca ígnea, y así vuelve a empezar el ciclo de las rocas.

Roca ígnea extrusiva
La lava volcánica forma roca ígnea extrusiva si se enfría sobre la superficie de la Tierra.

Roca ígnea intrusiva
El magma del interior de la corteza terrestre crea roca ígnea intrusiva al solidificarse.

Metamorfismo
Las rocas metamórficas pueden tener su origen en rocas ígneas o sedimentarias, o incluso en otras rocas metamórficas.

Fusión

En las profundidades la temperatura puede ser muy elevada: las rocas se funden y forman el magma. Este sube en algunos lugares hasta la superficie y sale por una grieta de la corteza, o en la erupción de un volcán.

Roca metamórfica
El calor o la presión, o ambos, modifican la roca para crear roca metamórfica nueva.

El ciclo de las rocas

Erosión

Las rocas y los fragmentos de roca continúan rompiéndose y bajando hacia el océano. Este proceso se conoce como erosión.

La Tierra crea y recicla rocas constantemente, cambiando su color, forma y textura en un proceso que conocemos como el ciclo de las rocas. Los geólogos clasifican las rocas en tres tipos distintos: ígneas, sedimentarias o metamórficas. Cada tipo de roca está en una etapa diferente del ciclo de las rocas.

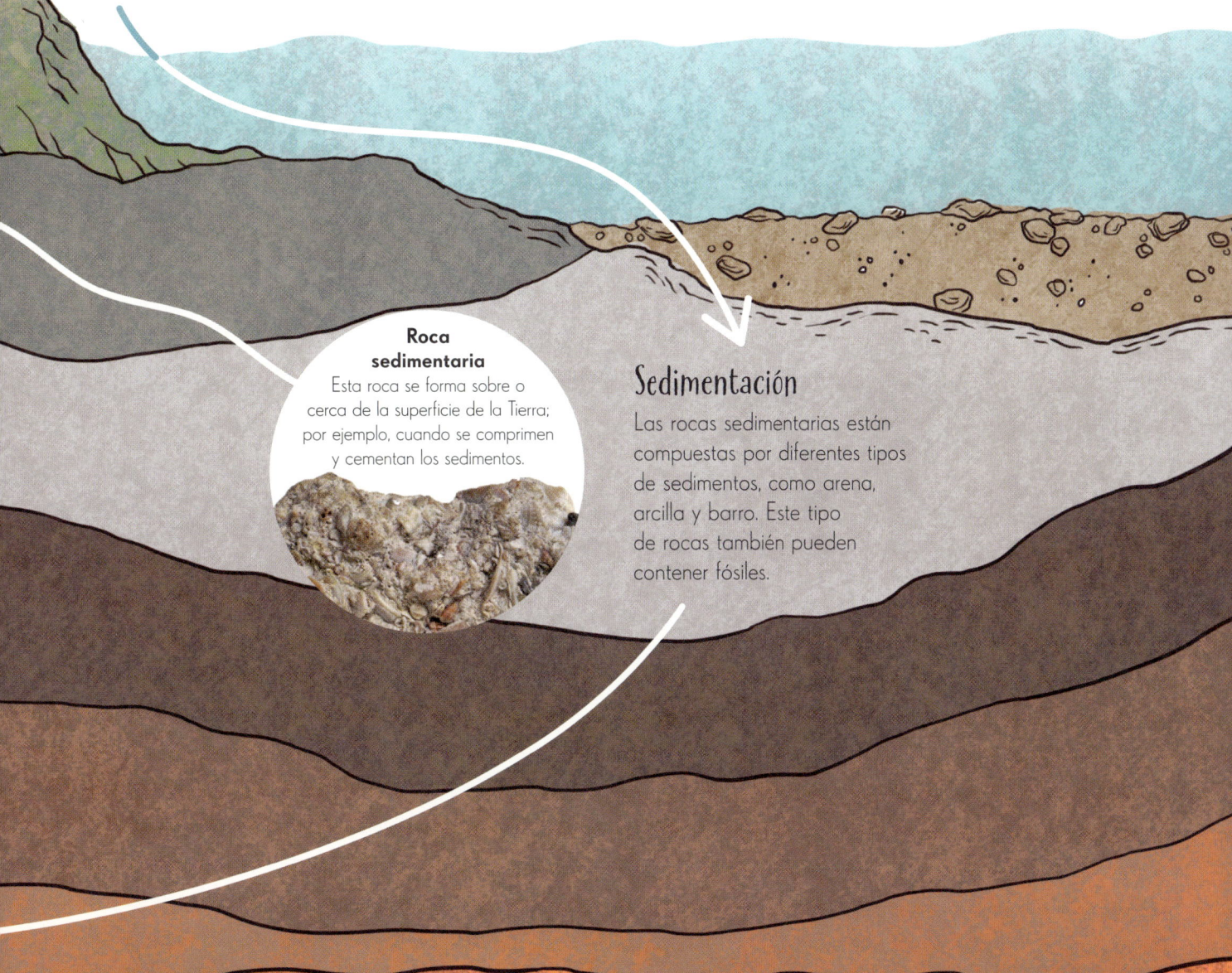

Roca sedimentaria

Esta roca se forma sobre o cerca de la superficie de la Tierra; por ejemplo, cuando se comprimen y cementan los sedimentos.

Sedimentación

Las rocas sedimentarias están compuestas por diferentes tipos de sedimentos, como arena, arcilla y barro. Este tipo de rocas también pueden contener fósiles.

La Torre del Diablo es un lugar sagrado para el pueblo nativo americano, y la conocen como el «tipi del oso».

Torre del Diablo

En las Colinas Negras de Wyoming, Estados Unidos, se alza un monumento extraordinario. Conocida como la Torre del Diablo, esta enorme roca ígnea se formó hace unos 40 millones de años al enfriarse y endurecerse el magma volcánico. Inicialmente, la roca estaba bajo tierra, pero, a lo largo de millones de años, las capas de roca sedimentaria que la rodeaban, más blandas, se fueron erosionando hasta dejar expuesta la roca ígnea, más dura. Si te fijas en la imagen, verás que la roca presenta cientos de grietas paralelas que dividen la Torre del Diablo en enormes columnas hexagonales y la convierten en uno de los destinos de escalada más habituales de Norteamérica.

La Torre del Diablo es de fonolita. Existen tres tipos más de roca ígnea:

Granito

Piedra pómez

Obsidiana

La Torre del Diablo, en el noroeste de Wyoming, tiene una altura de 264 m y su parte superior plana es tan grande como un campo de fútbol.

Las montañas irisadas del parque Danxia tienen
una antigüedad de más de 55 millones de años.

Rocas irisadas

Estas montañas irisadas del noroeste de China son preciosas. Deben
sus colores a las capas de arenisca superpuestas en tonos rojos,
naranjas, amarillos, azules y púrpuras. Cada capa de arenisca está
compuesta por una mezcla de arena, barro y arcilla, que en conjunto
se conoce como sedimento; de ahí el nombre de este tipo de roca en
capas: roca sedimentaria.

Las rocas sedimentarias se forman cuando el viento, el agua y el hielo
transportan los sedimentos hasta el suelo seco o lo dejan en el lecho
de ríos, lagos y mares. Poco a poco se van acumulando las capas de
sedimentos hasta que se compactan en forma de roca. Este es el proceso
que tuvo lugar en Danxia. A lo largo de millones de años, las rocas se
fueron desgastando y sus minerales fueron cambiando de color hasta
acabar mostrando esta paleta de colores.

Las rocas sedimentarias
se pueden formar con los
sedimentos que se posan
en el lecho de los ríos.

Con el paso del tiempo,
se acumula más sedimento
y se forman más capas
de roca.

A medida que se van
acumulando capas,
la roca se comprime
y compacta.

El hierro y otros minerales son los responsables de los
colores de las rocas irisadas del Geoparque Nacional
Zhangye Danxia, en el noroeste de China.

Fósiles

Tras morir un animal, su cuerpo se descompone lentamente.

El esqueleto queda enterrado bajo capas de tierra.

Los minerales de roca reemplazan los restos del animal.

Al cabo de muchos años se excavan los fósiles.

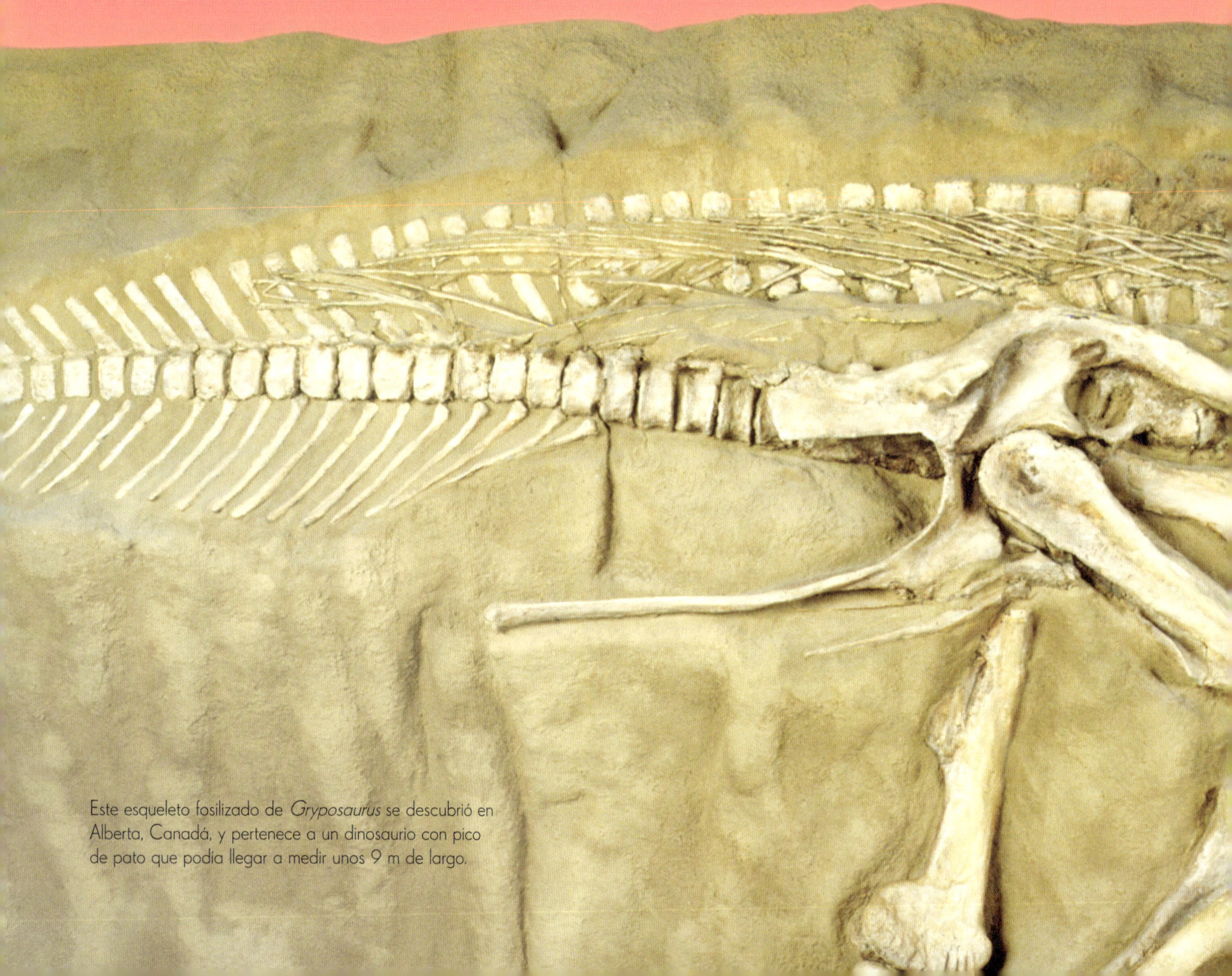

Este esqueleto fosilizado de *Gryposaurus* se descubrió en Alberta, Canadá, y pertenece a un dinosaurio con pico de pato que podía llegar a medir unos 9 m de largo.

La palabra «fósil» viene de la voz latina
que significa «desenterrado».

Los fósiles son antiguos restos de plantas y animales que quedaron enterrados en el suelo. Se crean cuando los minerales sustituyen las partes duras de un animal muerto y se convierten en roca. La mayoría de los fósiles tienen millones de años de antigüedad y se encuentran en roca sedimentaria.

Este esqueleto fosilizado es de un dinosaurio Gryposaurus. Los expertos en fósiles, o paleontólogos, han montado los fragmentos del esqueleto para que podamos hacernos una idea del aspecto del dinosaurio. Por ejemplo, el encaje de los huesos nos indica que tenía la cola recta y hacia arriba.

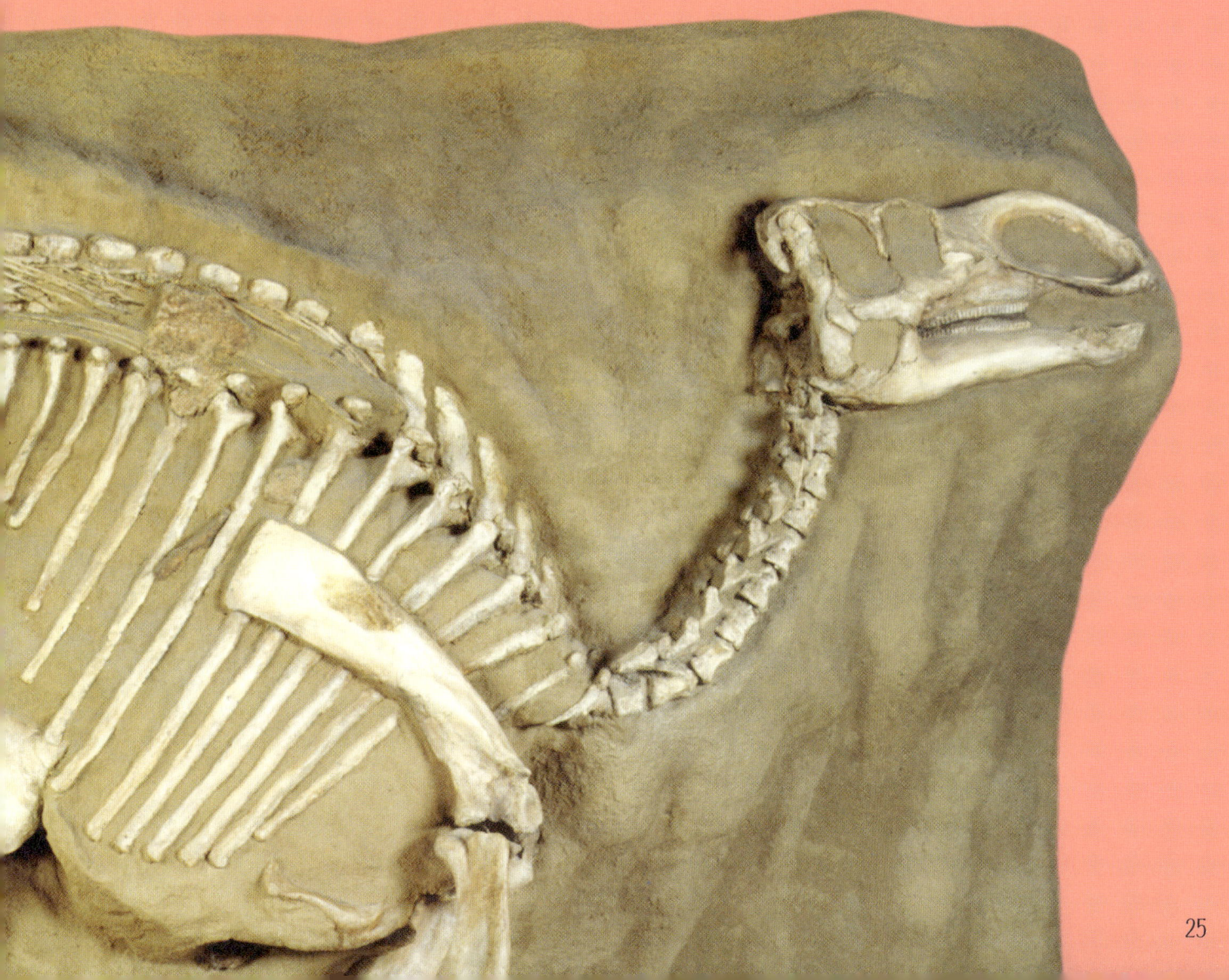

La palabra «mármol» viene de un vocablo del griego antiguo que significa «piedra brillante».

Mármol

Migmatita

Esquisto

Skarn

Muchos tipos de rocas metamórficas presentan franjas de color porque fueron estiradas y estrujadas bajo tierra.

El fascinante santuario de la naturaleza Capilla de Mármol se encuentra a orillas del lago General Carrera, en Chile. A lo largo de miles de años, el agua y el viento han ido disolviendo la roca y han creado un asombroso laberinto de cuevas, túneles y columnas.

Las rocas —como el mármol— que cambian por el calor o la presión bajo tierra se conocen como rocas metamórficas. Su nombre proviene de las palabras del griego antiguo *meta*, que significa «cambio», y *morph*, que significa «forma». El mármol se forma a partir de piedra caliza, y a menudo es jaspeado o veteado, según los colores de los diferentes minerales de la roca. La belleza natural del mármol lo ha convertido en el material favorito de artistas y arquitectos de todo el mundo.

El mármol parece azul porque refleja el azul turquesa de las aguas del lago.

Este masa de plata procede de los montes Metálicos de Alemania.

Metales

Durante miles de años, se han descubierto y extraído de las capas superficiales de la Tierra metales preciosos como el oro, la plata y el cobre. Normalmente, el metal se encuentra en forma de pequeñas partículas en unas rocas conocidas como menas. A menudo los metales se calientan, se funden y se mezclan para hacerlos más duros, en lo que se conoce como aleaciones. Una de las primeras que se produjeron fue el bronce, que es una aleación de cobre y estaño.

Los trabajadores de la metalurgia golpean el metal candente con un martillo para transformarlo en objetos domésticos, como vajillas y cubiertos, y para crear bonitas joyas. La plata pura es muy delicada, y por eso suele mezclarse con cobre para crear la plata de ley, que es más resistente. El oro, en cambio, apenas se deslustra y es muy apreciado por su suave brillo amarillento.

Esta pepita de oro se encontró en Queensland, Australia.

A veces se encuentra oro en forma de pepitas entre la grava del río. Una técnica para separarlo es el bateo: se hace girar agua en una batea para retirar la grava, más ligera, hasta que solo quede el oro.

Este cobre procede de Michigan, Estados Unidos.

El cobre es uno de los metales más antiguos que han empleado los humanos: su uso se remonta a hace unos 10 000 años.

El ciclo del carbono

El carbono es indispensable para la vida en la Tierra. Lo encontramos en todas partes. Está en nuestro interior y en todos los seres vivos. El carbono también se encuentra en elementos inertes, como los combustibles fósiles (carbón, petróleo y gas) y determinadas rocas. El movimiento del carbono por la Tierra se conoce como el ciclo del carbono.

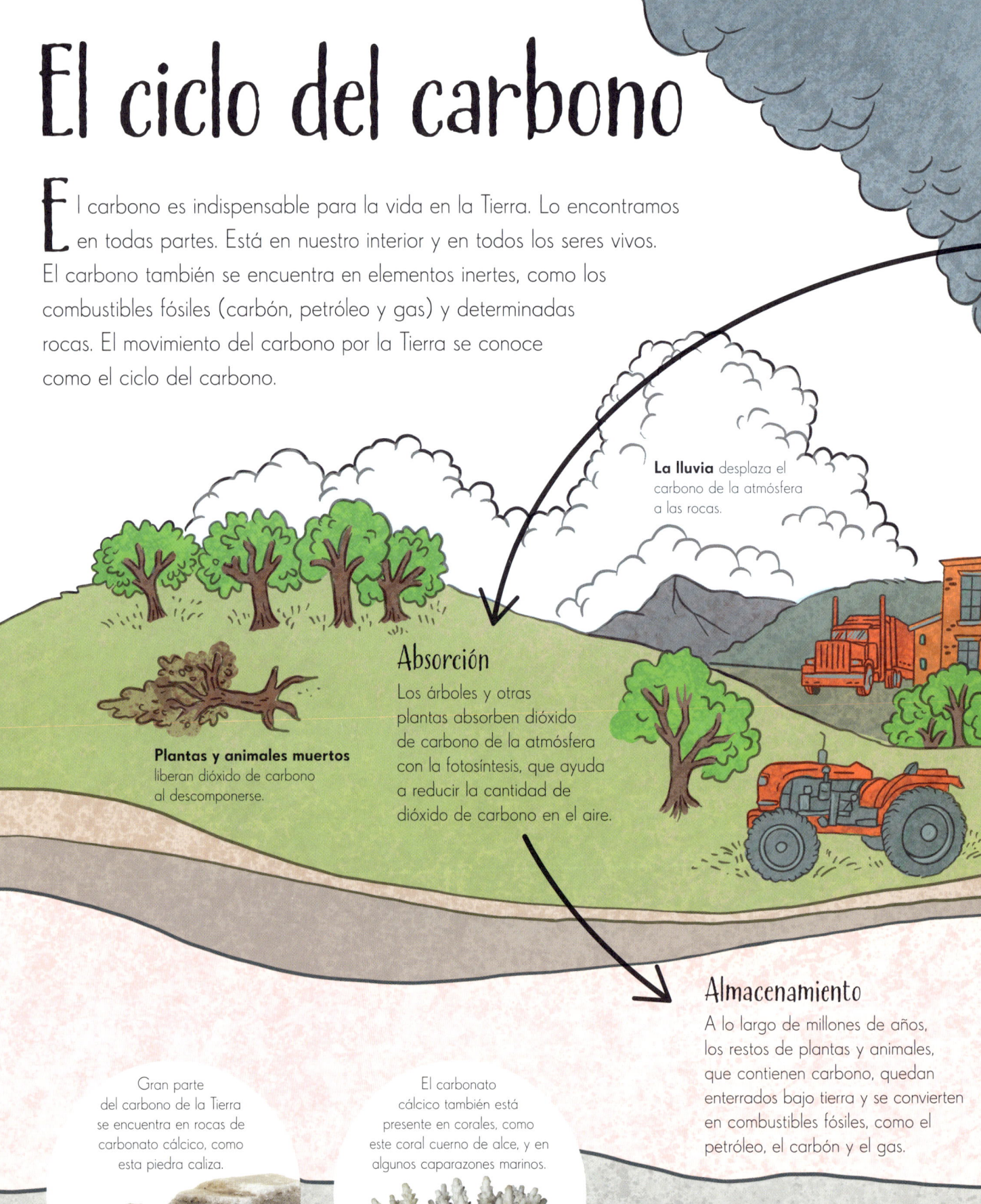

La lluvia desplaza el carbono de la atmósfera a las rocas.

Absorción

Los árboles y otras plantas absorben dióxido de carbono de la atmósfera con la fotosíntesis, que ayuda a reducir la cantidad de dióxido de carbono en el aire.

Plantas y animales muertos liberan dióxido de carbono al descomponerse.

Almacenamiento

A lo largo de millones de años, los restos de plantas y animales, que contienen carbono, quedan enterrados bajo tierra y se convierten en combustibles fósiles, como el petróleo, el carbón y el gas.

Gran parte del carbono de la Tierra se encuentra en rocas de carbonato cálcico, como esta piedra caliza.

El carbonato cálcico también está presente en corales, como este coral cuerno de alce, y en algunos caparazones marinos.

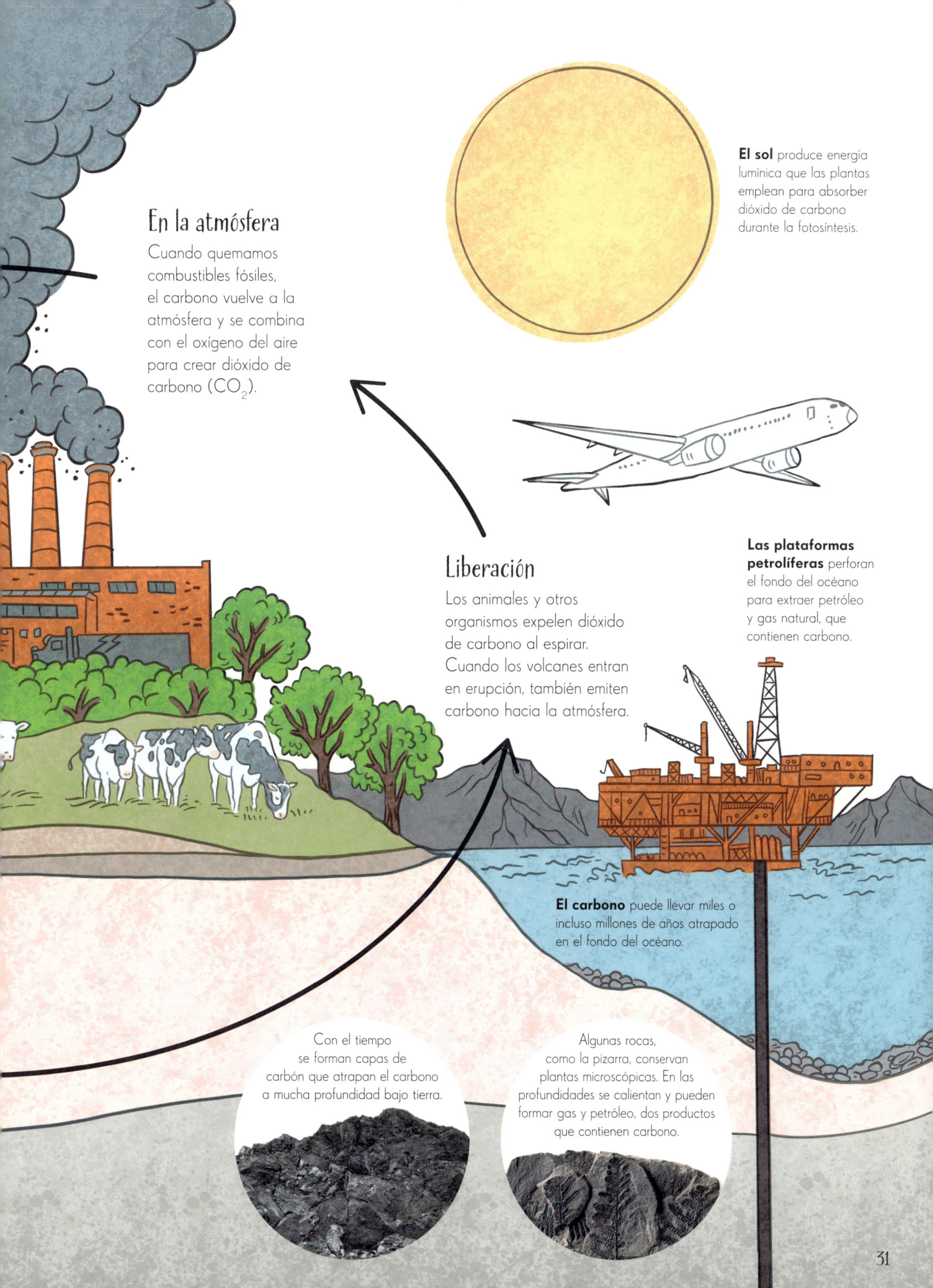

En la atmósfera

Cuando quemamos combustibles fósiles, el carbono vuelve a la atmósfera y se combina con el oxígeno del aire para crear dióxido de carbono (CO_2).

El sol produce energía lumínica que las plantas emplean para absorber dióxido de carbono durante la fotosíntesis.

Liberación

Los animales y otros organismos expelen dióxido de carbono al espirar. Cuando los volcanes entran en erupción, también emiten carbono hacia la atmósfera.

Las plataformas petrolíferas perforan el fondo del océano para extraer petróleo y gas natural, que contienen carbono.

El carbono puede llevar miles o incluso millones de años atrapado en el fondo del océano.

Con el tiempo se forman capas de carbón que atrapan el carbono a mucha profundidad bajo tierra.

Algunas rocas, como la pizarra, conservan plantas microscópicas. En las profundidades se calientan y pueden formar gas y petróleo, dos productos que contienen carbono.

Esta amatista púrpura oscuro proviene de Uruguay.

Muchas amatistas se formaron hace millones de años en roca volcánica.

Amatista

Dentro de algunas rocas quedan burbujas de gas con ingredientes líquidos que con el tiempo van creando cristales, como la amatista. Cada burbuja se convierte en una geoda de cristal.

Cuando observas un cristal, como esta amatista púrpura, ves que la naturaleza luce sus mejores galas. Un cristal es un mineral creado con una forma concreta de caras rectas y planas.

La amatista púrpura pertenece a la familia del cuarzo, en la que también encontramos el citrino amarillo, el cuarzo ahumado gris y el cuarzo rosa. Los cristales de amatista se pueden formar en burbujas de gas conocidas como geodas. Estas burbujas aparecen cuando la lava fundida se enfría hasta solidificarse. A continuación, los cristales se forman capa tras capa, comenzando desde el borde de la burbuja y hacia el centro. Pueden ser necesarios miles o incluso millones de años para que se formen.

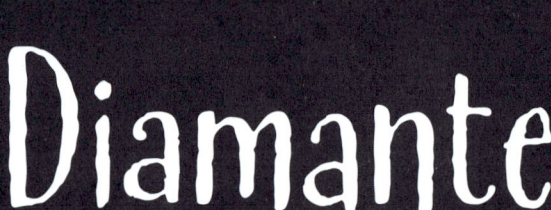

Diamante

Puede parecer que los diamantes, tan bonitos y valiosos, tengan que ser frágiles, pero realmente son los minerales naturales más duros del mundo. La palabra «diamante» proviene de un término del griego antiguo que significa «indestructible», y les hace justicia: es casi imposible destruir un diamante.

En la escala de dureza de los minerales de Mohs, los diamantes obtienen un 10, la puntuación perfecta, porque no hay ningún otro mineral capaz de rayarlos, a parte de otro diamante. En cambio, pueden rayar al resto de los minerales, como las esmeraldas, con una puntuación de 7,5-8 en la escala de Mohs, y los rubíes y zafiros, con un 9. A menudo, los diamantes se tallan y pulen para crear piedras preciosas. Un tallador de diamantes tallará las caras planas, o facetas, y pulirá el diamante. Se trabaja con cuidado el tamaño y la forma de cada faceta para que el diamante brille.

Diamante en bruto

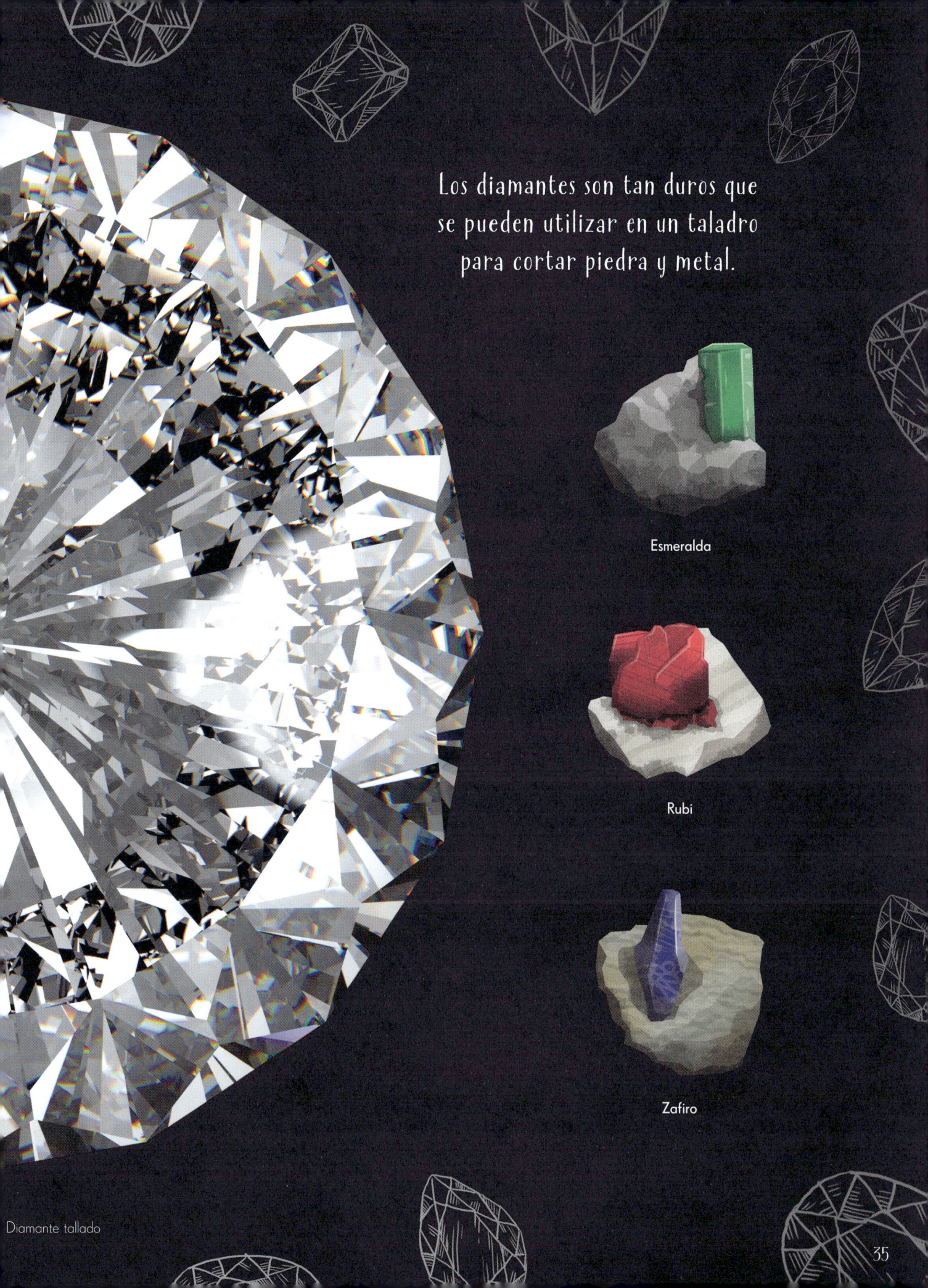

Los diamantes son tan duros que
se pueden utilizar en un taladro
para cortar piedra y metal.

Esmeralda

Rubí

Zafiro

Diamante tallado

Terreno

El suelo que pisamos no es más que la superficie de la Tierra, y debajo suceden muchas cosas que no vemos, pero cuyos resultados se perciben en cambios que se producen sobre el terreno. En las profundidades, el magma fundido se mueve y termina erupcionando en los volcanes en forma de lava. La lava volcánica crea nuevas islas, cambia la forma de la tierra firme, e incluso de las costas si fluye hasta el océano. Los terremotos subterráneos hacen que el suelo se mueva y se rompa, y las fracturas en la superficie pueden derrumbar edificios y destruir carreteras y puentes. Los desprendimientos hacen que baje tierra por las laderas, igual que la nieve cuando se produce una avalancha. Las rocas calientes o el magma calientan las aguas subterráneas y causan que del suelo salgan chorros de agua o vapor en forma de géiseres y fuentes termales. El viento, el agua y el hielo meteorizan y erosionan la tierra hasta crear formas extrañas y fascinantes en las rocas. En la costa, el mar bate la tierra firme y desgasta los acantilados, que están en constante transformación.

En 2015, un fuerte terremoto
hizo perder al Everest 2,5 cm
de altura.

En el sentido de las agujas del reloj desde arriba a la izquierda:
falla de San Andrés, California, Estados Unidos; erupción del
volcán Kilauea, Hawái, Estados Unidos; un faro en Gales azotado
por la tormenta, y los acantilados pintados de Tasmania, Australia.

Las siete placas tectónicas principales son la norteamericana, la del Pacífico, la sudamericana, la africana, la euroasiática, la indoaustraliana (ilustrada en dos partes) y la antártica.

Placa norteamericana

Placa de Juan de Fuca

Placa del Pacífico

Todas las placas tectónicas hacen frontera con otras.

Placa del Caribe

Placa de Cocos

Placas terrestres

Las placas tectónicas son las piezas del rompecabezas que forma la cubierta exterior de la Tierra. Están en constante movimiento y van modificando la superficie del planeta. Los científicos estudian los cambios en las placas para entender mejor cómo se forman los continentes, los océanos, las montañas, los volcanes y otros elementos de la Tierra.

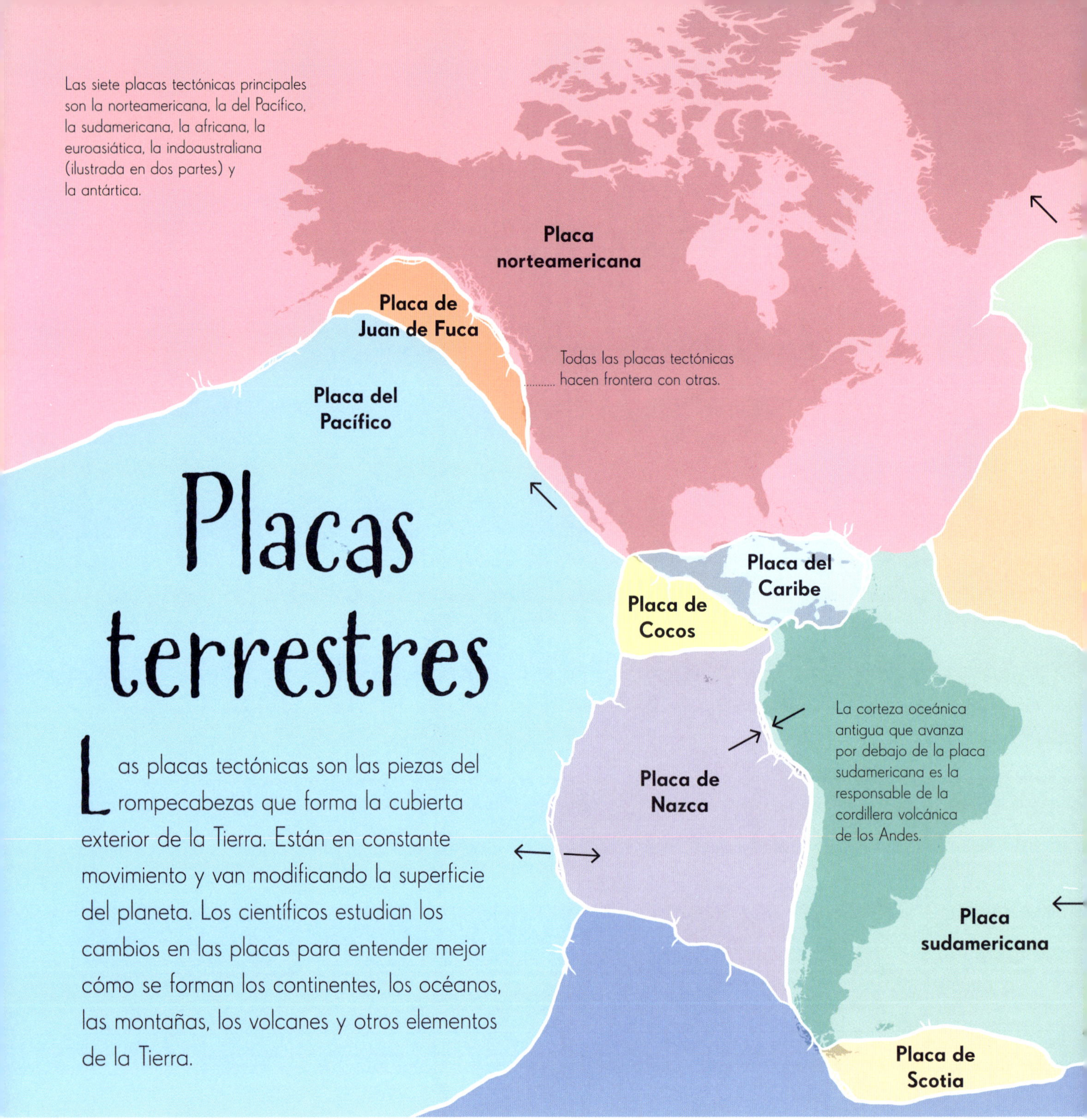

Placa de Nazca

La corteza oceánica antigua que avanza por debajo de la placa sudamericana es la responsable de la cordillera volcánica de los Andes.

Placa sudamericana

Placa de Scotia

Cronología

Los continentes que vemos en la actualidad no han sido siempre así. Las placas se mueven unas respecto de las otras a diferentes velocidades, entre 2 y 15 cm por año.

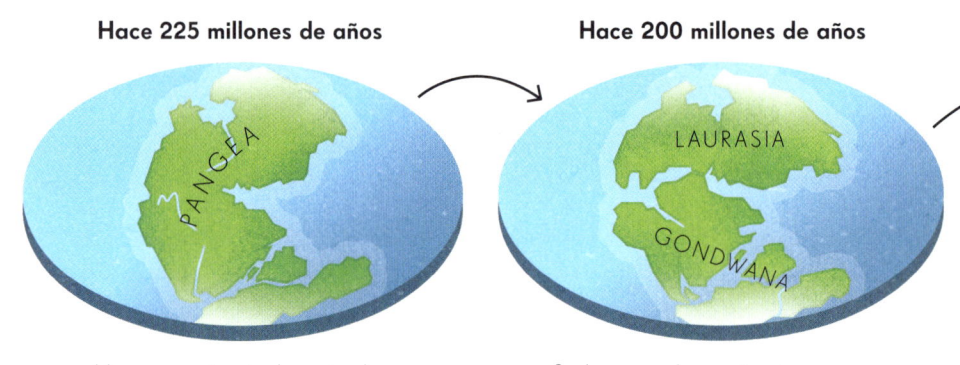

Hace 225 millones de años

PANGEA

Un supercontinente denominado Pangea empezó a fragmentarse.

Hace 200 millones de años

LAURASIA

GONDWANA

Se formaron dos continentes, que también empezaron a fragmentarse.

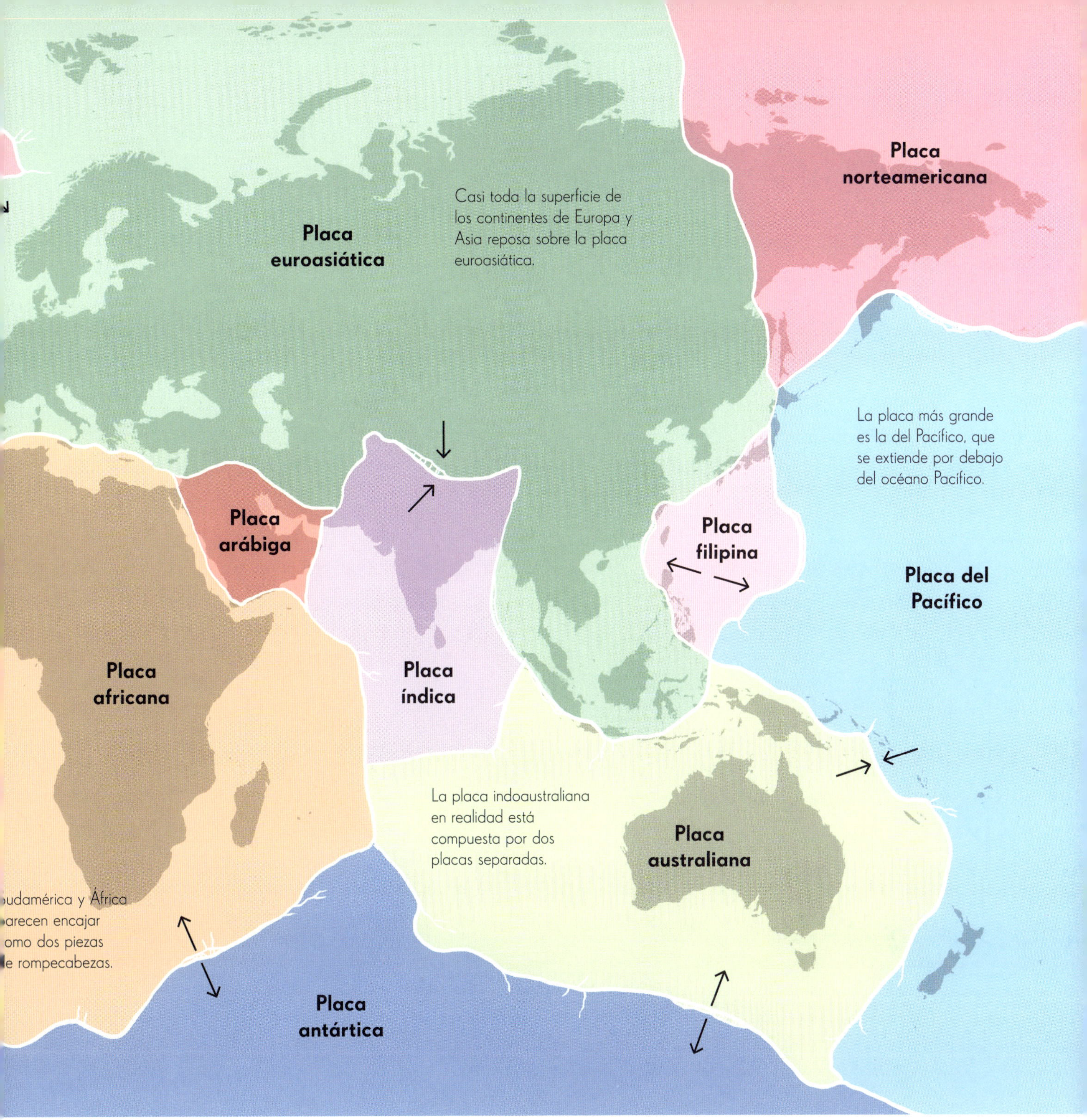

Placa norteamericana

Placa euroasiática

Casi toda la superficie de los continentes de Europa y Asia reposa sobre la placa euroasiática.

La placa más grande es la del Pacífico, que se extiende por debajo del océano Pacífico.

Placa arábiga

Placa filipina

Placa del Pacífico

Placa africana

Placa índica

La placa indoaustraliana en realidad está compuesta por dos placas separadas.

Placa australiana

udamérica y África arecen encajar omo dos piezas e rompecabezas.

Placa antártica

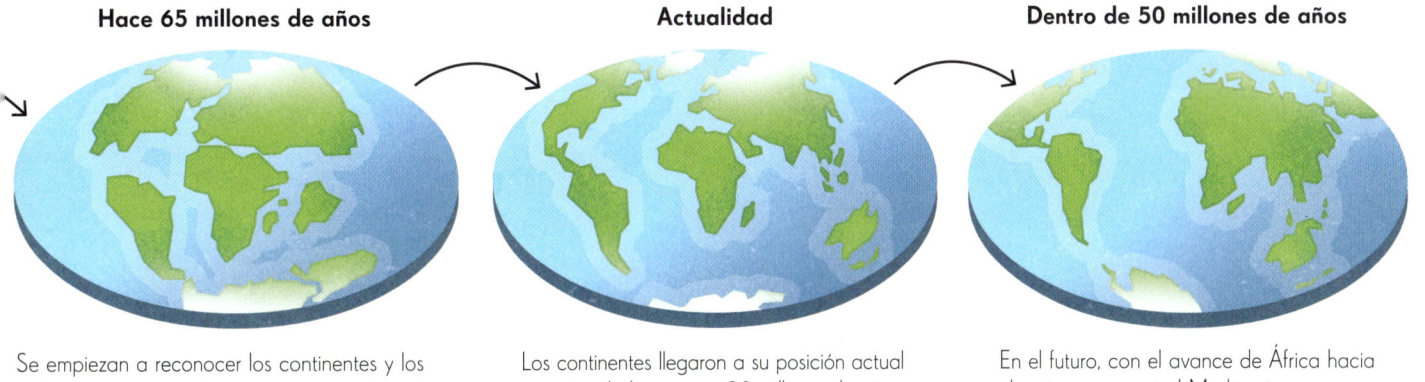

Hace 65 millones de años	Actualidad	Dentro de 50 millones de años
Se empiezan a reconocer los continentes y los océanos, aunque estén en continuo movimiento.	Los continentes llegaron a su posición actual aproximada hace unos 20 millones de años.	En el futuro, con el avance de África hacia el norte, se cerrará el Mediterráneo.

Entre dos placas

En Islandia, que se conoce como la tierra de hielo y fuego, podemos admirar glaciares, volcanes activos, fuentes termales naturales, cascadas y valles. La isla debe su extraordinario paisaje a su particular situación en el planeta.

Islandia reposa en medio del océano Atlántico, justo a caballo de dos placas tectónicas: la placa norteamericana y la placa euroasiática. Entre ambas queda la dorsal mesoatlántica, una parte de la dorsal mediooceánica que cruza de norte a sur el océano Atlántico y forma la cordillera más larga del mundo. Aunque casi toda la dorsal está bajo el agua, a veces aparece en la superficie en forma de tierra firme, porque millones de años atrás se produjeron erupciones volcánicas bajo el agua que hicieron emerger el magma, que, al enfriarse, creó islas como Islandia.

Las dos placas tectónicas se separan a una velocidad aproximada de 2,5 cm por año.

Océano Atlántico

Placa norteamericana

Dorsal mesoatlántica

Placa euroasiática

En la actualidad, el espacio entre las dos placas tectónicas a lo largo del cañón Almannagjá de Islandia está parcialmente cubierto de agua.

La falla de San Andrés marca el borde entre dos placas tectónicas terrestres y ha provocado grandes terremotos en Estados Unidos.

Falla

Los bordes de las placas del Pacífico y la norteamericana se deslizan uno junto a otro en California.

El movimiento de las placas ha provocado con frecuencia terremotos, algunos de ellos intensos, durante millones de años.

Cada año se producen cerca de medio millón de terremotos en todo el mundo, pero por lo general tienen lugar a tanta profundidad o son tan poco intensos que no los percibimos. La mayoría de los terremotos se producen en una falla en la que los bordes de dos placas tectónicas se mueven una junto a otra en sentidos opuestos. Si los límites de las placas se enganchan entre sí, van acumulando presión, hasta que llega el momento en el que se liberan de golpe y provocan un violento terremoto.

Desde el espacio, la falla de San Andrés en California, Estados Unidos, parece una cicatriz en el suelo, pero continúa hacia las profundidades. En 1906, provocó el gran terremoto de San Francisco, que destruyó la ciudad y acabó con la vida de 3000 personas.

La falla de San Andrés se extiende unos 1200 km a través de California.

Montañas que crecen

Un bloque de falla en la corteza terrestre se desplaza por encima del otro.

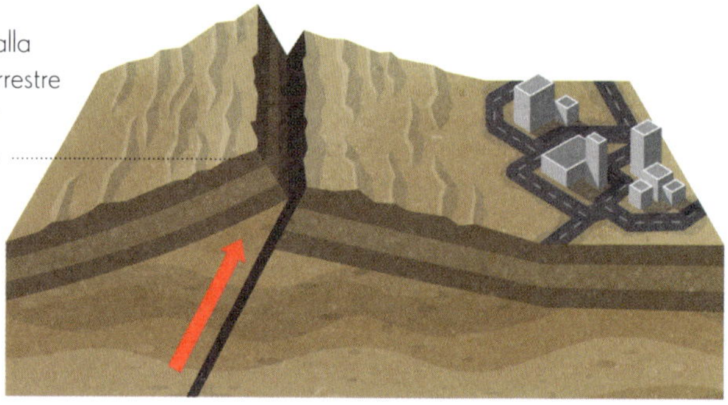

El monte Whitney es la montaña más alta de Sierra Nevada, California, con una altura de 4418 m sobre el nivel del mar.

La cordillera de Sierra Nevada
gana anualmente 1 mm de altura.

Las montañas no están fijas en su sitio, sino que se mueven, aunque sea muy lentamente. A lo largo de millones de años, las montañas van ascendiendo a medida que la tierra se pliega y se desplaza. Este fenómeno se puede producir en los límites de los bloques de la corteza terrestre que se conocen como placas tectónicas.

Las montañas de Sierra Nevada en California, Estados Unidos, son montañas de bloques, lo que significa que la montaña se crea cuando un bloque de tierra sube por encima de otro y eleva la tierra. Casi todos los grandes bloques de falla se formaron hace 5-10 millones de años, y desde entonces están creando montañas.

Las montañas se forman al doblarse y combarse la corteza terrestre.

Pliegues de roca

Un 20 por ciento de la tierra firme del planeta está cubierto por montañas.

Una montaña se puede formar por el movimiento de la corteza terrestre a lo largo de millones de años. El tipo de montaña más típico es la cordillera. Cuando entran en contacto, las placas tectónicas pueden chocar, aplastarse una contra la otra y crear pliegues en las rocas. Estos pliegues pueden ser pequeños y afectar solo a rocas del tamaño de un puño, o pueden ser descomunales y crear cordilleras enteras, como el Himalaya en Asia. Pueden tener formas distintas: unas son curvilíneas, mientras que otras avanzan en zigzag de lado a lado.

Aunque no son tan masivos como el Himalaya, los acantilados de piedra caliza de la isla griega de Creta son quizá igual de magníficos. Aquí, las capas de roca se han plegado en increíbles formas de V, o pliegues de tipo chevron, que son pliegues rectos y con un punto de giro muy pronunciado, conocido como charnela.

En esta imagen puedes apreciar los pliegues chevron de los acantilados de piedra caliza de la isla griega de Creta.

Hay personas que creen que la montaña
de la Diosa de la Sal les da energía positiva
y que ayuda a sanar.

Cúpula de sal

La sal sube y
empuja las capas
de roca para formar
una cúpula de sal.

La montaña de la Diosa de la Sal
se encuentra en la isla de Ormuz,
en el golfo Pérsico.

Las rocas de la isla iraní de Ormuz brillan con destellos rojos, naranjas y amarillos por la gran cantidad de minerales que contienen. Y entre todos estos tonos abigarrados destaca un monumento extraordinario: la montaña de la Diosa de la Sal. Esta increíble «montaña» es, en realidad, una cúpula de sal.

Una cúpula de sal es un monte que se forma cuando la sal sube por el interior de otras rocas y crea esta formación tan particular. Cuando las placas tectónicas se separan y crean un océano nuevo, o chocan y cierran un océano, hacen cambiar la profundidad del agua del mar. Cuando un mar superficial se seca, solo queda su sal. Si pasa una vez tras otra a lo largo de millones de años, la sal es cada vez más gruesa, capa tras capa. La sal puede acabar enterrada y comprimida por las capas de roca que tiene encima. Al final, esta presión superior hace que la sal sea empujada hacia la superficie y acabe creando una cúpula de sal.

Hijo del Krakatoa

Los volcanes explosivos como el Anak Krakatau tienen lava espesa y pegajosa y laderas inclinadas. Este tipo de volcán, formado por capas de lava y ceniza, se conoce como estratovolcán.

La lava sube

Cuando el volcán indonesio Krakatoa erupcionó en 1883, hizo tal estruendo que se oyó hasta en Australia, al otro lado del océano. Fue una de las explosiones volcánicas más destructivas de la historia. Tras este evento cataclísmico, lo único que quedó fue una enorme caldera, de la que emergió otro volcán nuevo y más pequeño, el Anak Krakatau, cuyo nombre significa «hijo del Krakatoa». En 2018, erupcionó y provocó un devastador tsunami, con olas que entraron un buen trecho en tierra firme. El Anak Krakatau es un volcán activo y hoy en día continúa en erupción.

Cuando el Anak Krakatau entró en erupción en 2018, provocó olas de tsunami de unos 5 m de altura.

El Anak Krakatau es un pequeño volcán que se formó en la caldera del Krakatoa.

Nube de ceniza

Las bombas tienen un tamaño de más de 64 mm.

Los lapilli miden entre 2 y 64 mm.

El polvo volcánico mide menos de 2 mm.

Cuando un volcán erupciona de manera violenta, puede expulsar nubes de ceniza y causar estragos en la atmósfera. Puede bloquear la luz del sol, hacer que el aire huela mal y alterar el tráfico aéreo: si la ceniza volcánica se cuela en el motor de un avión, puede estropearlo. Eso es lo que ocurrió en 2010 cuando el volcán Eyjafjallajökull entró en erupción en Islandia: provocó la cancelación de miles de vuelos.

La nube de ceniza está compuesta por pequeños fragmentos de roca hecha añicos. Además de escupir lava y ceniza, los volcanes explosivos pueden expulsar rocas de distintos tamaños, conocidas como piroclastos. Según su tamaño, los piroclastos reciben nombres diferentes. Las bombas pueden ser de magma sólido en forma de pelota de rugby. Otros tipos incluyen los lapilli, que son pequeños fragmentos redondeados, y el polvo volcánico, que contiene cristales afilados que pueden causar arañazos.

Las nubes de ceniza pueden ascender hasta 40 km en el cielo.

El volcán Santa María de Guatemala lleva en erupción activa desde 1922. A finales de febrero de 2023, la nube de ceniza ascendió a 700 m sobre su cima.

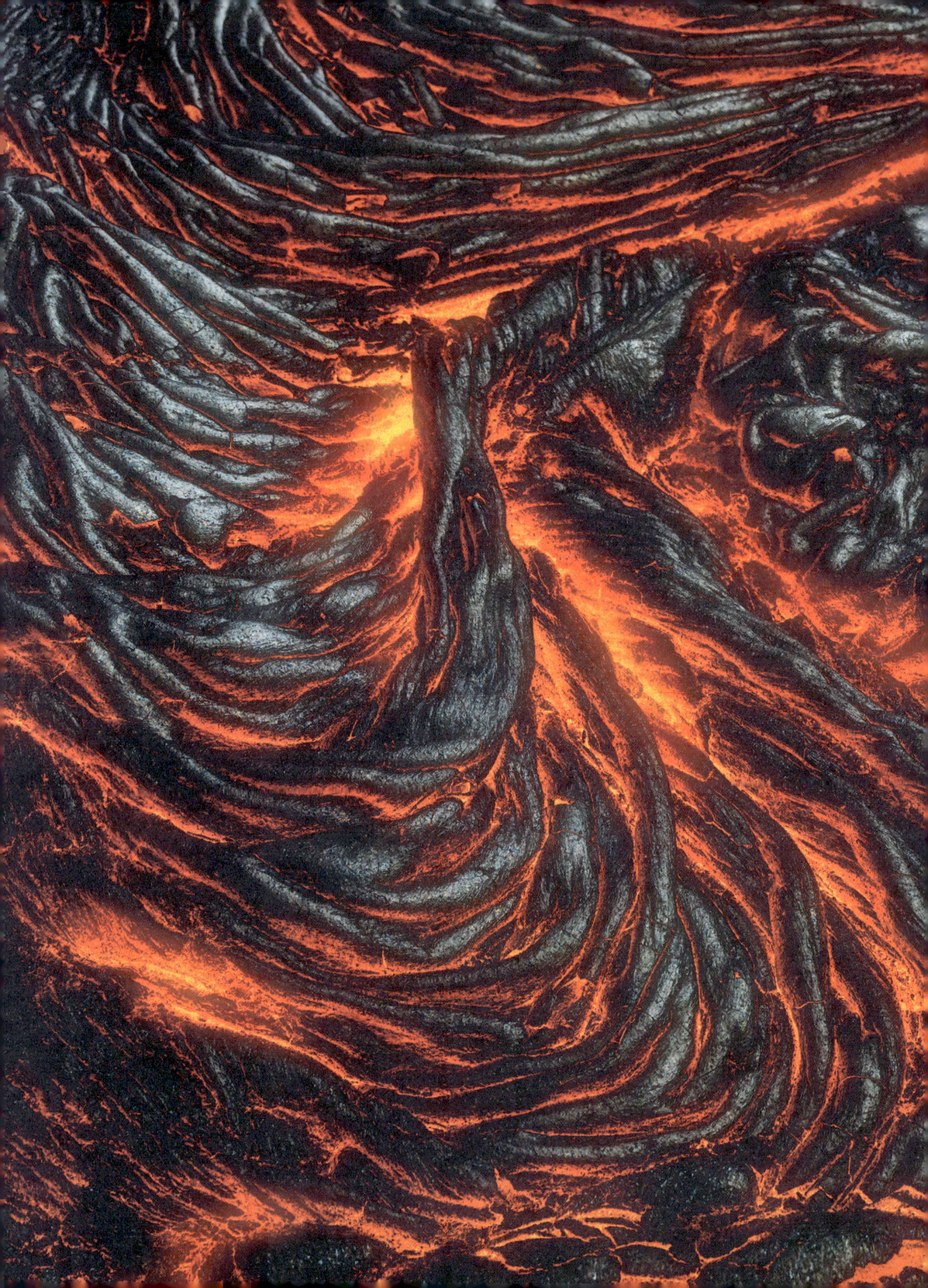

La lava pahoehoe al rojo vivo tiene
una temperatura de más de 600 °C.

Lava pahoehoe

Pueden pasar años hasta que
un río de lava se enfríe y
solidifique en forma de roca.

La viscosa lava al rojo vivo que erupciona de los volcanes se denomina pahoehoe, una palabra que viene del hawaiano y significa «que hace remolinos». Si la dices en voz alta, ¡incluso suena como un remolino! Su otro nombre, muchos menos interesante, es lava cordada.

La superficie de la lava pahoehoe suele ser lisa, aunque a veces presenta arrugas que recuerdan la piel de un elefante. Cuando fluye, avanza bastante lentamente; es probable que tú camines más rápido. Emerge con dificultad de la corteza terrestre cuando se enfría y se parece a la pasta de dientes cuando sale del tubo. A medida que se va enfriando, se vuelve negra y se endurece, primero en la superficie y después en su interior, y esto es lo que le da la textura cordada: la lava caliente del interior arruga la corteza exterior, más dura y fría. La lava al rojo vivo también tarda más en enfriarse. Está tan caliente que podrías freír un huevo encima.

La lava pahoehoe crea unas texturas maravillosas
que parecen cuerdas enrolladas.

Lava a'a

El Kilauea, uno de los cinco volcanes de la isla de Hawái, en el océano Pacífico, está expulsando candente roca fundida. La lava a'a se mueve rápido y forma unos torrentes anaranjados que se llaman canales. Se trata de una lava muy fluida y a veces avanza a una velocidad de unos 50 km/h, que es la velocidad media de cualquier coche, y es muchísimo más rápida que lo que tú podrías llegar a correr.

El nombre «a'a» significa «lava áspera pedregosa» en hawaiano, porque se enfría en forma de una roca tosca y áspera. Al enfriarse, crea una costra de roca basáltica negra que se va rompiendo al avanzar. La roca queda dura y afilada, y es difícil caminar por encima.

**El Kilauea es el volcán más activo
de los cinco de Hawái.**

Del volcán Kilauea de Hawái emana este canal de lava a'a naranja intenso. La lava a'a puede avanzar más de 100 km.

Pozas de ácido

Las fuentes termales de Dallol, vibrantes y abigarradas, tienen un aspecto que parece seductor, pero es mejor no confiarse. Estas fuentes, que se encuentran en una llanura volcánica de Etiopía, son muy peligrosas: sus aguas son calientes y ácidas, y te pueden provocar quemaduras.

Justo por debajo de la superficie de la corteza terrestre, un mar de roca fundida al rojo vivo, el magma, irradia calor como una esponja empapada. El agua de la lluvia y el mar va penetrando hacia abajo y avanza a través de grietas en la corteza terrestre, y el magma la calienta. Cuando está caliente y llena de minerales, como el azufre, el potasio y el hierro, sube y se esparce por la superficie de la Tierra. Algunos de los minerales se disuelven en el agua y crean pozas de ácido de color verde intenso.

El agua de la fuente termal de Dallol
puede alcanzar temperaturas de 100 °C.

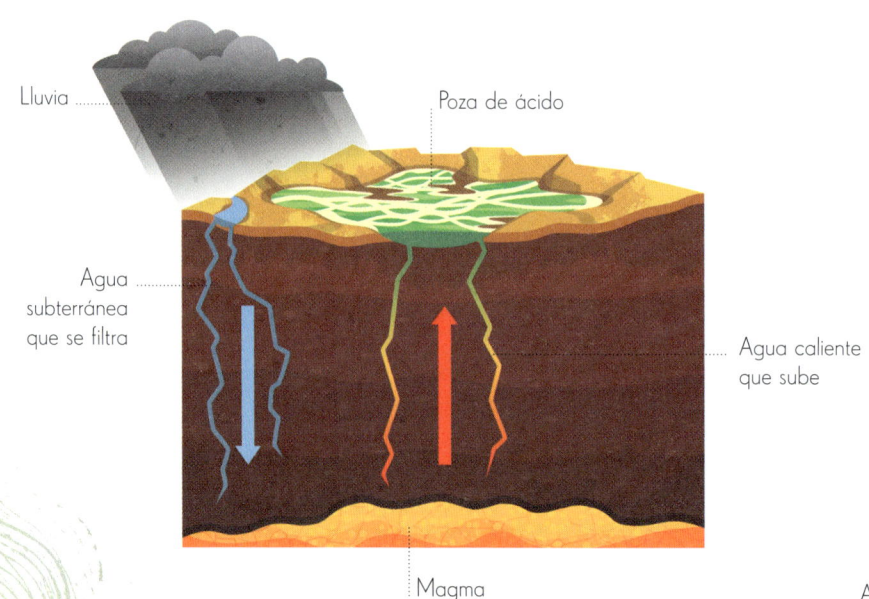

Lluvia

Poza de ácido

Agua subterránea que se filtra

Agua caliente que sube

Magma

A menudo, el sol evapora el agua caliente y crea estas terrazas, o pozas, a distintas alturas.

El géiser Strokkur está en el valle Haukadalur de Islandia, un región famosa por sus géiseres y otros fenómenos geotérmicos, como pozas de barro y fumarolas.

El agua de un géiser puede llegar al triple
de temperatura que el agua hirviendo.

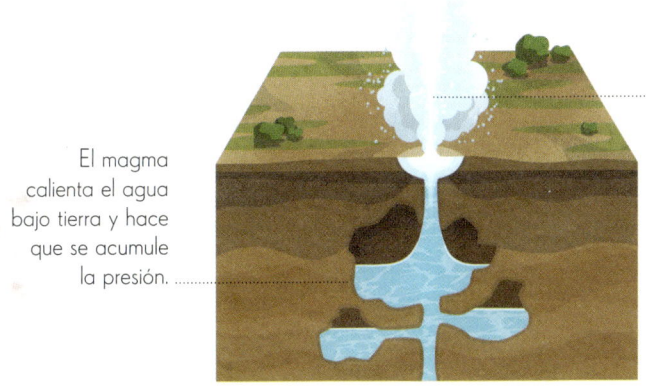

El magma
calienta el agua
bajo tierra y hace
que se acumule
la presión.

Al final, los chorros de
agua y vapor salen
disparados en el aire.

Géiser

No hace falta esperar mucho para ver el géiser Strokkur en erupción,
pues eso sucede cada 6-10 minutos. Normalmente erupciona a
15-20 m de altura, aunque a veces puede llegar incluso al doble. Es
un espectáculo digno de ver. Eso sí, es mejor que no te acerques mucho,
porque escupe agua hirviendo y emana un vapor muy caliente.

El agua baja a mucha profundidad en la tierra, donde la calienta el
magma candente. El magma calienta las rocas, que a su vez calientan
el agua hasta que llega a tal presión que se produce una explosión
hidrotérmica y el géiser entra en erupción.

Isla barrera

Como indica su nombre, las islas barreras protegen las líneas costeras cercanas. Las mareas forman estas islas al depositar sedimentos repetidamente, hasta que con el tiempo se acumulan y acaban formando tierra firme.

Islas

Una isla es un fragmento de tierra rodeado de agua más pequeño que un continente. Las islas pueden variar desde afloramientos rocosos que pueden formarse en un lago o un río hasta grandes extensiones de tierra en mares y océanos. Las islas se forman de maneras distintas. Aquí tienes los tipos principales.

La costa de Carolina del Norte, Estados Unidos, cuenta con casi 20 islas barrera que protegen su territorio de las olas del océano.

Isla mareal

Este tipo de isla depende de las mareas. Normalmente está conectada al territorio continental, pero cuando llega la marea alta, el agua la separa y se convierte en una isla.

Durante la marea baja, puedes caminar hasta el monte Saint-Michel, en Normandía, Francia. Con la marea alta, se convierte en una isla dentro de la bahía.

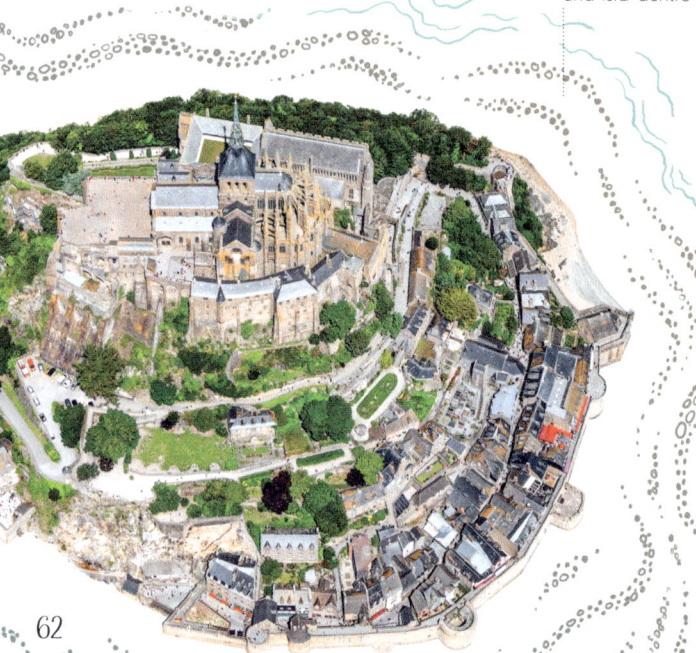

Hawái, Estados Unidos, es un archipiélago, o grupo de islas, formado a partir de cinco volcanes. El más grande es el Mauna Loa.

Isla volcánica

Muchos volcanes entran en erupción en el lecho marino, ¡y algunos crecen tanto que hasta llegan a crear una isla! Las islas de Hawái han acumulado tanta lava volcánica que ahora están situadas a 9700 m por encima del lecho oceánico.

Islas continentales

La mayoría de las islas más grandes son islas continentales, ya que se han separado de la tierra firme del continente, lo que puede ocurrir por una subida del nivel del mar o por el movimiento de las placas tectónicas. La isla de Madagascar, por ejemplo, antes había estado unida al subcontinente indio, mientras que ahora se encuentra ante la costa de África.

Madagascar tiene un clima y un ecosistema diferentes al resto de África y es el hogar de una vida salvaje única.

Cómo se formó Madagascar

Hace 170 millones de años
Mucho antes de que Madagascar fuera una isla, solo existía un solo supercontinente, Pangea, que empezó a fragmentarse en trozos de tierra más pequeños.

Hace 135 millones de años
Madagascar estaba en el extremo de una masa de tierra destinada a convertirse en el subcontinente indio.

Hace 88 millones de años
Madagascar se separó del subcontinente indio y empezó a moverse hacia África.

Islas de coral

Los corales son animales marinos de esqueleto duro. Poco a poco, los fragmentos de sus esqueletos se van acumulando sobre el arrecife de coral hasta crear una isla. Las islas de coral son típicas de las áreas tropicales y tienen playas de arena cubiertas de palmeras.

Las islas Maldivas, en el océano Índico, están compuestas por una cadena de islas de coral.

Medido desde el lecho oceánico, el volcán Mauna Kea de la isla de Hawái es la montaña más alta de la Tierra, con 9760 m de altura.

Cuando un volcán entra en erupción bajo el agua, su lava se solidifica y se acumula en forma de cono. Erupción tras erupción, puede que acabe emergiendo una isla en la superficie.

Isla volcánica

Se pueden formar volcanes en los límites de las placas si la roca fundida del manto terrestre cruza la corteza cuando las placas se separan, lo que puede ocurrir incluso bajo el mar. Si un volcán erupciona en el lecho oceánico y llega a la superficie, es posible que se forme una isla.

Las islas Azores son un grupo de islas volcánicas en el océano Atlántico. Están situadas en el punto de encuentro de tres placas tectónicas: la norteamericana, la euroasiática y la africana. Hace unos 8 millones de años, se acumuló tal cantidad de lava que esta alcanzó la superficie del océano y las islas empezaron a tomar forma. En San Miguel, una de las islas Azores, hay muchos lagos de cráter, que se forman a partir de antiguos volcanes sumergidos. El agua queda en el interior del cráter del volcán al nivel del mar, donde pueden formarse piscinas circulares naturales, con aguas cristalinas y a una temperatura agradable que permite bañarse todo el año.

Este lago de cráter forma parte del islote de Vila Franca do Campo, cerca de la isla de San Miguel, en el océano Atlántico.

Farallones

Las olas golpean
la roca blanda.

La roca se empieza
a erosionar.

Al cabo del tiempo
se forma un arco.

El arco se derrumba
y queda el farallón.

Los Doce Apóstoles son unos farallones
que llegan hasta los 45 m de altura.

Las costas no son inmutables, sino que el embate constante de las olas, la lluvia y el hielo van desgastando lentamente sus rocas. Este fenómeno se conoce como erosión. Las olas de tormenta en la playa tienen la energía suficiente para levantar incluso grandes peñascos y lanzarlos contra los acantilados. Con el tiempo, la forma de la orilla cambia y se forman cuevas y arcos. Y cuando la parte superior de un arco de roca se erosiona por completo, se derrumba y queda una aguja de roca, o farallón, en el océano.

La enorme potencia de las olas del océano Antártico ha esculpido un curioso grupo de farallones ante la costa del sur de Australia que se conoce como los Doce Apóstoles. Pese a su nombre, solo se han llegado a ver ocho farallones, aunque es posible que se formen más en el futuro, ya que las olas no dejan de batir contra la orilla.

Los Doce Apóstoles del Parque Nacional Port Campbell, Victoria, Australia, son un conjunto de farallones de piedra caliza blanda.

Formaciones rocosas

El paisaje de la Tierra está en transformación continua: una tormenta o una inundación pueden provocar cambios rápidos, o bien estos pueden producirse de manera más lenta, a lo largo de millones de años. Si pudieras viajar en el tiempo, verías cómo las montañas se desgastan poco a poco y cómo las inclemencias meteorológicas rompen las rocas en fragmentos más pequeños, que el viento o el agua se llevan.

El viento por sí solo no haría mucho daño, pero cuando arrastra polvo o arena, los convierte en proyectiles que impactan en la roca y la desgastan. En lugares como el cañón del Antílope, en el desierto de Arizona, Estados Unidos, el viento y el agua han esculpido formas fascinantes en la roca. Aquí, el agua de las riadas, que avanza a una gran velocidad cargada de arena y de rocas, ha ido excavando pasajes naturales en la blanda arenisca a lo largo de millones de años.

El cañón del Antílope es un lugar sagrado para
el pueblo navajo del suroeste de Estados Unidos.

El cañón es árido y estrecho, y tiene paredes empinadas.
Puede inundarse con una gran rapidez.

La arenisca de Sídney, en Australia, tiene
una antigüedad de unos 235 millones de años.

Panal de piedra

El agua de mar
salpica las
rocas.

Con el tiempo,
los cristales de sal
crecen y perforan
la roca.

Se produce meteorización cuando el agua, el viento o el hielo desgastan y rompen la roca. Uno de los tipos más extraordinarios se conoce como meteorización con alvéolos, en la que aparecen muchos agujeritos en la roca, cuyo aspecto recuerda el de los panales de las abejas.

Esta meteorización se produce junto al mar, en el desierto o incluso en regiones árticas. Por lo general, la provocan el agua del mar y el viento: el viento seca el agua salada que cae sobre las rocas, y, con el tiempo, se van creando cristales de sal. Al crecer estos, van penetrando en la roca, rompen trocitos y hacen pequeños agujeros, que poco a poco se hacen más grandes.

Estos alvéolos pueden verse en la arenisca
de los acantilados de la playa de Elgol,
en la isla de Skye, Escocia.

Los acantilados blancos de Dover se extienden
unos 13 km en la costa sur de Inglaterra.

Acantilados de creta

En la creta suelen
encontrarse, entre
otros, estos fósiles.

Bivalvo

Equinoideo

Amonite

ncontramos acantilados en las zonas rocosas de la costa. Si los observas desde la playa o desde el mar, verás las capas de las rocas, que indican cómo se crearon.

Los acantilados de Dover son un enclave impresionante en la costa sur de Inglaterra, y nos cuentan una historia muy especial. Son blancos porque son de creta, un tipo de roca caliza compuesta por miles de diminutos esqueletos de organismos y caparazones marinos que se han prensado durante millones de años. El embate constante de las olas y las mareas desgasta con facilidad la frágil creta y a menudo deja a la vista antiguos fósiles incrustados en la roca. Por increíble que parezca, estos acantilados no han estado siempre por encima del agua, sino que tiempo atrás formaban parte del lecho marino. Hace entre 66 y 100 millones de años, el nivel del mar bajó y la caliza fue empujada hacia arriba, creándose así estos acantilados que se elevan hacia el cielo.

En un día despejado, los acantilados blancos de Dover se ven desde la costa de Francia, a solo 32 km de distancia al otro lado del canal de la Mancha.

Los desprendimientos de tierra
pueden avanzar a más de 55 km/h.

Los desprendimientos
suelen comenzar
en pendientes
pronunciadas. ....

Desprendimiento

El suelo que tenemos bajo los pies suele ser de tierra o de roca, pero a veces puede moverse. Si la tierra de un lugar en pendiente se desprende, puede bajar por la ladera con una fuerza tremenda. Es lo que se conoce como un desprendimiento.

Los desprendimientos pueden producirse como resultado de los temblores de un terremoto, pero esta no es la única causa. En las regiones tropicales del planeta, las lluvias torrenciales pueden empapar el suelo, hacer que gane mucho peso y que sea más fácil que se deslice por la pendiente. Los árboles pueden ayudar a evitarlo, ya que absorben el agua con las raíces y ayudan a mantener el suelo firme y unido. Por eso no debería sorprendernos que los desprendimientos sean especialmente habituales en lugares en los que se han talado o quemado muchos árboles. En estas zonas, es más probable que el suelo se inunde e incluso que provoque la destrucción montaña abajo en forma de desprendimiento.

Aquí puedes ver cómo se han desprendido la tierra y los árboles en una montaña de Vorarlberg, Austria.

Alud

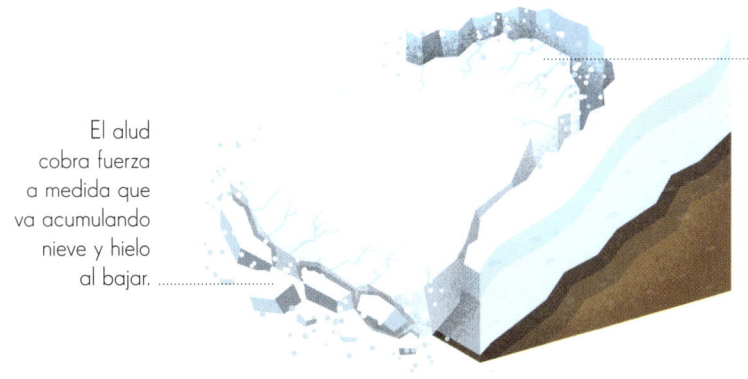

El alud cobra fuerza a medida que va acumulando nieve y hielo al bajar.

Los aludes se producen al romperse y desprenderse un bloque de nieve poco estable.

Puede bastar un solo esquiador para provocar la vibración suficiente para desencadenar un alud.

Un alud es una masa de nieve que avanza de manera repentina y descontrolada por la ladera de una montaña. Los aludes son extremadamente peligrosos, pues la nieve puede bajar a una velocidad enorme, llegando a desplazarse hasta a 320 km/h. Los aludes se forman en laderas pronunciadas y bajan hacia los valles, llevándose rocas, árboles y cualquier cosa que encuentren a su paso. Pueden llegar incluso a cubrir 1 km de ancho y sepultar pueblos enteros.

Algunas de las causas de los aludes son las grandes nevadas, el deshielo, mucho viento o los terremotos. Pueden desencadenarlos seres humanos o animales que se desplazan por las pendientes, o incluso un gran estrépito. En 1916, durante la Primera Guerra Mundial, los combates con armas de fuego desencadenaron varios aludes en los Alpes italianos a causa de los cuales murieron miles de soldados.

Este alud baja a gran velocidad por una ladera del Lhotse, en el Himalaya, en Asia.

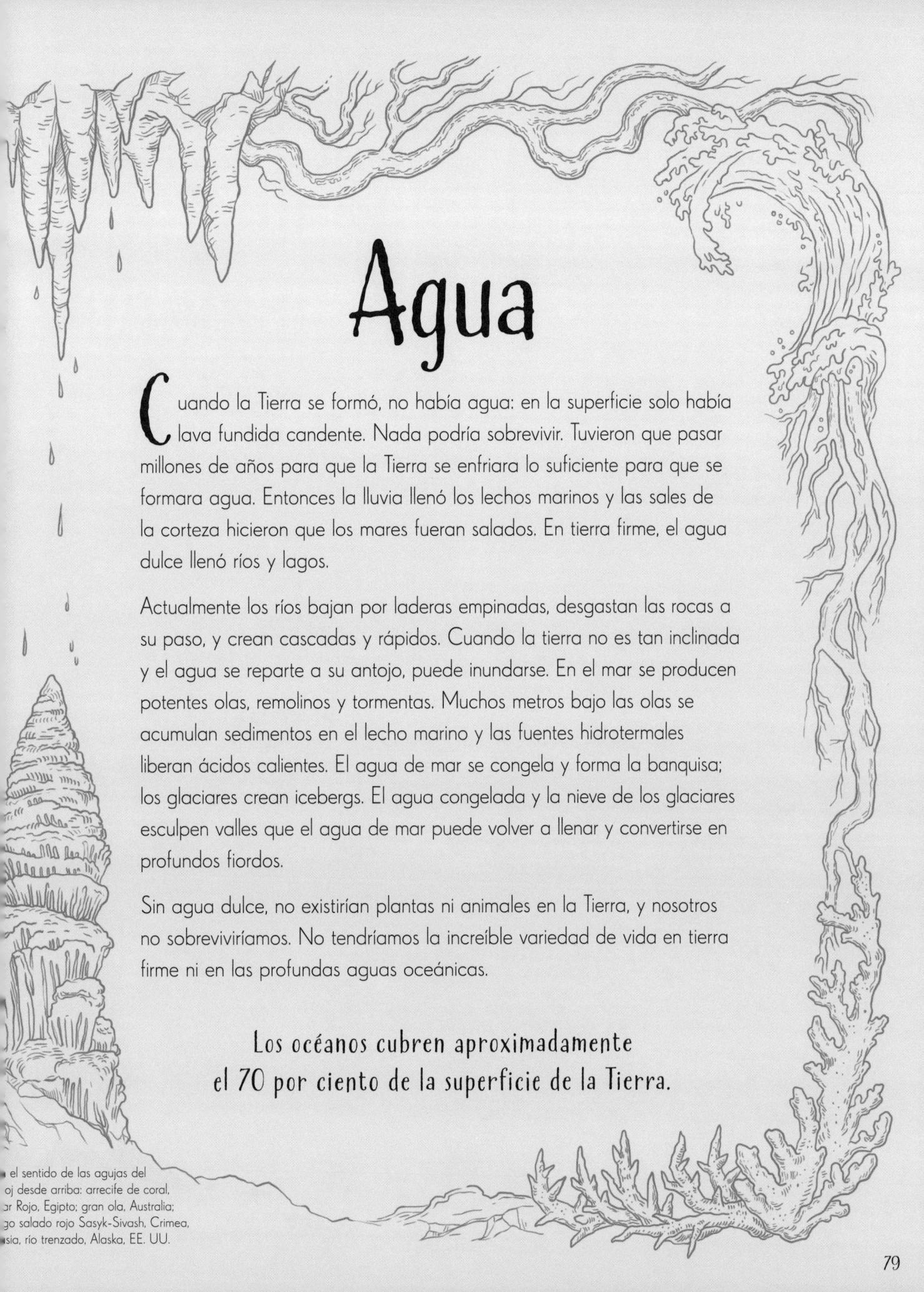

Agua

Cuando la Tierra se formó, no había agua: en la superficie solo había lava fundida candente. Nada podría sobrevivir. Tuvieron que pasar millones de años para que la Tierra se enfriara lo suficiente para que se formara agua. Entonces la lluvia llenó los lechos marinos y las sales de la corteza hicieron que los mares fueran salados. En tierra firme, el agua dulce llenó ríos y lagos.

Actualmente los ríos bajan por laderas empinadas, desgastan las rocas a su paso, y crean cascadas y rápidos. Cuando la tierra no es tan inclinada y el agua se reparte a su antojo, puede inundarse. En el mar se producen potentes olas, remolinos y tormentas. Muchos metros bajo las olas se acumulan sedimentos en el lecho marino y las fuentes hidrotermales liberan ácidos calientes. El agua de mar se congela y forma la banquisa; los glaciares crean icebergs. El agua congelada y la nieve de los glaciares esculpen valles que el agua de mar puede volver a llenar y convertirse en profundos fiordos.

Sin agua dulce, no existirían plantas ni animales en la Tierra, y nosotros no sobreviviríamos. No tendríamos la increíble variedad de vida en tierra firme ni en las profundas aguas oceánicas.

Los océanos cubren aproximadamente el 70 por ciento de la superficie de la Tierra.

el sentido de las agujas del
oj desde arriba: arrecife de coral,
ar Rojo, Egipto; gran ola, Australia;
go salado rojo Sasyk-Sivash, Crimea,
sia, río trenzado, Alaska, EE. UU.

El ciclo del agua

El agua es imprescindible para la vida. Sin ella, no existirían las plantas y los animales no podrían sobrevivir. Nuestro planeta tiene la temperatura idónea para contener agua. Durante millones de años, esta se ha ido desplazando entre el mar, el aire y la tierra en lo que se conoce como el ciclo del agua.

El calor del sol calienta la superficie del mar.

El viento empuja las nubes hacia tierra firme.

Humedad de las plantas

Las plantas absorben agua por las raíces y la liberan a la atmósfera en forma de vapor de agua, en un proceso conocido como transpiración, que aporta humedad al aire y ayuda a formar más nubes.

Aparición de las nubes

El vapor de agua caliente sube y, cuando llega al aire más frío de las alturas, se enfría lo suficiente para condensar de nuevo el vapor de agua otra vez, convirtiéndolo en líquido y formando las nubes.

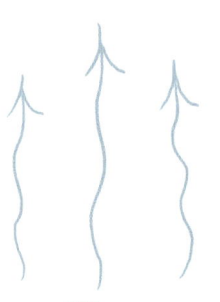

Desde el mar

Con el tiempo, la superficie del mar se calienta y parte del agua se evapora, es decir, asciende por el aire en forma de vapor de agua.

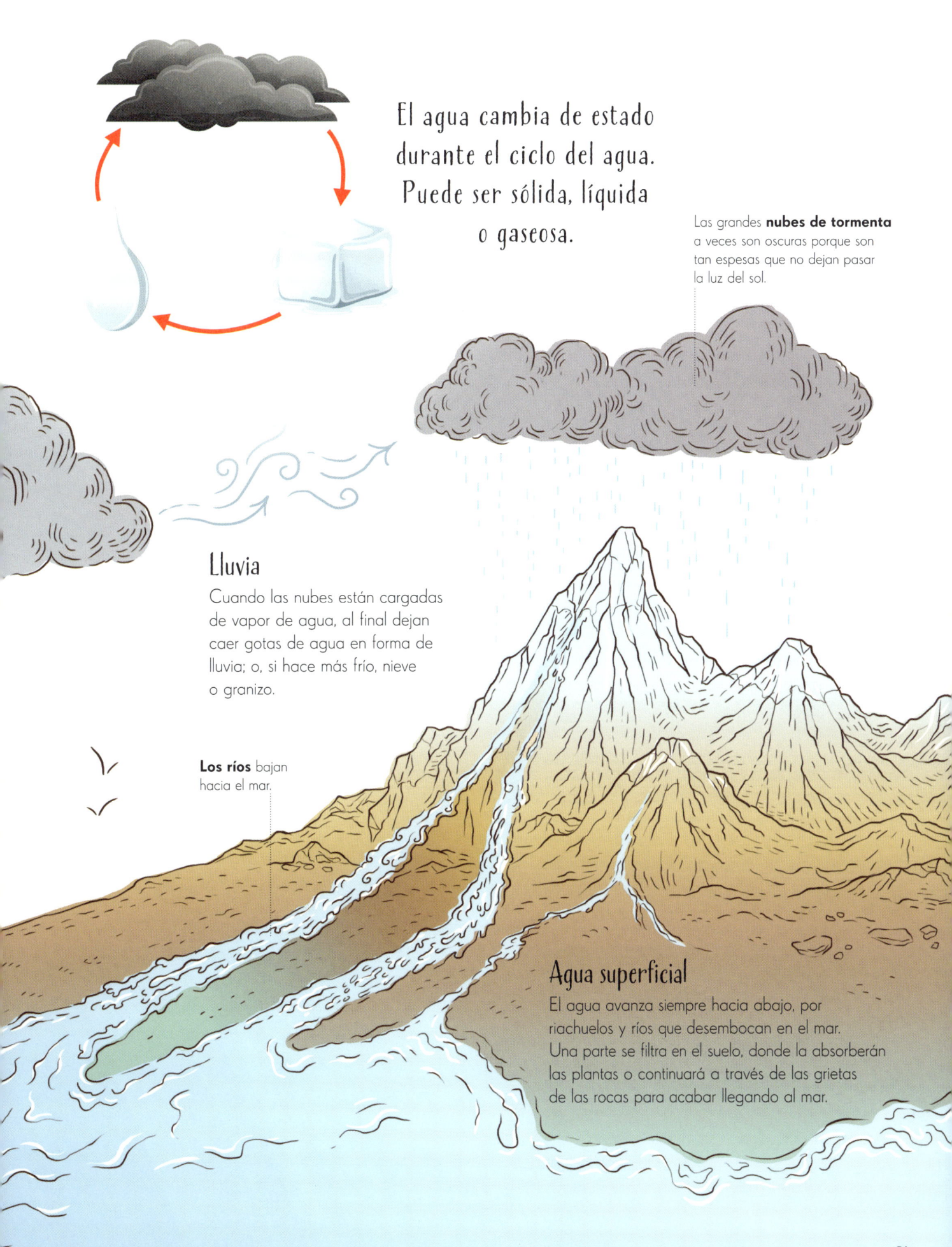

El agua cambia de estado durante el ciclo del agua. Puede ser sólida, líquida o gaseosa.

Las grandes **nubes de tormenta** a veces son oscuras porque son tan espesas que no dejan pasar la luz del sol.

Lluvia

Cuando las nubes están cargadas de vapor de agua, al final dejan caer gotas de agua en forma de lluvia; o, si hace más frío, nieve o granizo.

Los ríos bajan hacia el mar.

Agua superficial

El agua avanza siempre hacia abajo, por riachuelos y ríos que desembocan en el mar. Una parte se filtra en el suelo, donde la absorberán las plantas o continuará a través de las grietas de las rocas para acabar llegando al mar.

Los ríos trenzados son zonas muy fértiles
para una gran variedad de aves, peces y plantas.

Río trenzado

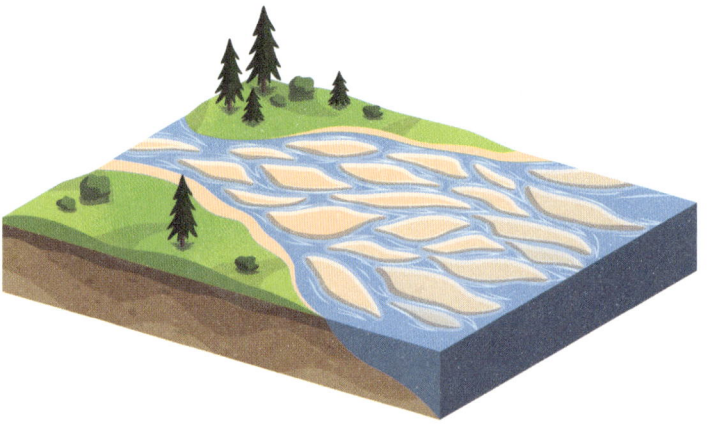

Cuando la tierra es plana y ancha, como en una llanura entre montañas, los ríos tienen mucho espacio por ocupar y su curso se retuerce y se enrolla. El río incluso llega a dividirse en ríos y riachuelos más pequeños, y se convierte en lo que se conoce como río trenzado.

El curso del río trenzado primero es rápido y después lento. No tiene la energía suficiente para continuar arrastrando la grava, arena y barro que transportaba y abandona estos sedimentos en los tramos llanos, donde se crean cientos de pequeñas islas. Las islas de arena se desplazan y cambian a medida que el río continúa su curso, separándose y volviéndose a unir para crear un patrón en constante cambio. Casi parece que lo hayan pintado en el paisaje.

Aquí puedes apreciar las formas azules creadas por los pequeños riachuelos y canales de un río trenzado en Islandia.

Formas de ríos

Las partes empinadas y de cauce veloz de un río se conocen como rápidos.

Los brazos muertos aparecen cuando un río abandona un meandro.

Una vega es un área de tierra plana al lado de un río.

Los ríos siempre avanzan hacia abajo; transportan agua de las montañas y las colinas hacia el mar. Si la montaña es muy empinada, el río avanza más rápido. Si la tierra es más llana, el río va más lento, reparte el agua y se hace mucho más ancho.

Durante su trayecto, los ríos crean diferentes formas en el paisaje. Cuando el agua tiene que saltar un desnivel, crea una cascada. En tierra plana y vegas, el río puede cambiar de dirección y describir un trayecto lleno de curvas o meandros. En algunas partes se contornea para adaptarse al terreno, mientras que en otras serpentea en forma de S o en grandes meandros. Si uno de estos meandros se desconecta del río, se convierte en un brazo muerto, como los de la imagen, que son parte del delta del Yukón en Alaska, Estados Unidos. A veces también se denominan lagos en herradura, y es fácil saber por qué, ¿no?

Cuando se forma un brazo muerto, se convierte en un lago de aguas tranquilas, y en él no entra ni sale ningún cauce de agua.

El delta del Yukón en Alaska es uno de los deltas fluviales más grandes del mundo.

El delta del Ganges es el delta fluvial
más grande del mundo.

Delta fluvial

Los deltas fluviales, planos y de forma triangular, deben su nombre a la letra delta del alfabeto griego, porque esta letra también tiene forma de triángulo.

Los deltas fluviales son enormes áreas planas de arena y barro que un río ha ido depositando. Los sedimentos bloquean el curso original del río y hacen que se separe en diversos pequeños canales. Los deltas, como el del Ganges en la India, tienen parte del suelo más fértil del planeta. El terreno es tan bueno para la agricultura porque los ríos transportan la tierra de montañas y colinas, y la reparten por el área que inundan. El agua del Ganges baja del Himalaya. Más de 120 millones de personas tienen su hogar en el delta del Ganges, y muchas aprovechan la tierra para cultivar yute, arroz y té.

El delta del Ganges desemboca
en el golfo de Bengala.

Arcoíris líquido

La planta *Macarenia clavigera*, que solo se encuentra en Colombia, da al río su color rojo rosado chillón.

Las aguas de Caño Cristales, un río de cauce rápido en las remotas montañas de Colombia, bajan cristalinas por encima de su lecho blanco y deslumbrante, pero entre los meses de agosto y octubre, cuando el agua tiene la profundidad perfecta, se produce una transformación mágica y en el río tiene lugar una explosión de color.

En el lecho rocoso estallan floraciones de plantas acuáticas de vivos colores, naranjas, verdes y, sobre todo, rojos. En contraste con el agua azul y la arena amarilla, las plantas crean un espectáculo hipnotizador que ha llevado a bautizar el Caño Cristales con dos nombres muy precisos: «el arcoíris líquido» y «el río de los cinco colores».

La *Macarenia clavigera* tiene unas poderosas raíces que se aferran al lecho rocoso del río para que la planta no se vaya río abajo, incluso aunque el agua avance muy rápido.

Cascada

El agua, al caer por encima de un precipicio, lo va desgastando hasta crear una cascada. Las capas de roca más blandas del acantilado se desgastan más rápido que las más duras.

En las cataratas Victoria, el agua se precipita 108 m abismo abajo.

El rugido del agua al caer por las poderosas cataratas Victoria es impresionante. Esta cascada está situada en la frontera entre Zambia y Zimbabue, en África meridional. El nombre que le ha dado el pueblo autóctono lozi es Mosi-oa-Tunya, que en su lengua significa «el humo que ruge». También se conoce como «el lugar del arcoíris», porque la luz del sol que cruza la bruma hace que se formen arcoíris.

La bruma de las cataratas, además de potente y abundante, es útil, ya que ayuda a regar el paisaje seco a su alrededor, lo que permite que prosperen pequeñas selvas tropicales que dan cobijo a cientos de plantas y animales.

Justo en su extremo, en la parte superior de las cataratas Victoria está la piscina del Diablo; por increíble que parezca, en este sitio se puede nadar tranquilamente durante la estación seca, cuando las corrientes no tienen tanta fuerza.

Lago salado

Los lagos salados pueden ser letales. El lago Natron, en Tanzania, contiene natrón, una sal que se filtra en el agua a partir de las rocas volcánicas que lo rodean y que hacen que el agua sea alcalina, como la lejía.

Unos microorganismos diminutos hacen que el agua sea roja.

Cada vez que el lago Assal se seca, acumula más sal, y por eso la capa de sal es cada vez más gruesa.

El lago Assal es diez veces más salado que el mar.

El punto más bajo del África continental y el tercero más bajo del mundo corresponde al lago Assal, situado en Yibuti, a 155 m por debajo del nivel del mar. La mayoría de los lagos reciben el agua a través de ríos y riachuelos de agua dulce; además, el agua cuenta con una vía de salida. Sin embargo, el lago Assal es un lago salado. No tiene vía de salida, y solo pierde agua por evaporación, cuando el calor del sol hace que la humedad se vaya por el aire. Si el lago de sal se seca por completo, queda un lago seco conocido como salina.

¿Por qué el agua está tan salada? El lago recibe agua del mar del golfo de Somalia, y está caliente porque pasa por fuentes geotérmicas que reciben calor subterráneo en la corteza terrestre.

Lago del Cráter

Tras la erupción del volcán, quedó un cráter, que, con el paso del tiempo, se llenó de agua de la lluvia y el deshielo. El agua siempre está transparente y cristalina, ya que llegan pocos residuos y rocas al lago.

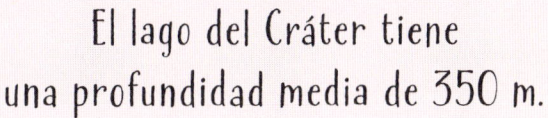

El lago del Cráter tiene una profundidad media de 350 m.

El lago de agua dulce más profundo de Estados Unidos, con sus aguas puras y cristalinas, es una gran cuenca redonda conocida como el lago del Cráter. Este lago se formó hace unos 7700 años con la erupción del Mazama. La cumbre del volcán salió despedida y se destruyó la montaña; quedó el cráter, que acabó llenándose de lluvia y nieve.

Durante varios siglos continuaron produciéndose erupciones, más pequeñas, que hicieron surgir una isla volcánica en el lago, conocida como isla Wizard. El lago del Cráter no cuenta con ríos que lo llenen o lo vacíen; las lluvias y nevadas torrenciales reponen continuamente el agua azul y transparente.

El lago del Cráter forma parte de una cordillera de montañas volcánicas en Norteamérica occidental conocidas como la cordillera de las Cascadas.

Fiordo

Cuando un glaciar se derrite, se lleva parte
de la tierra firme y va desgastando el valle.

Cuando sube el nivel del mar, el agua
llena el valle y crea el fiordo.

Los fiordos son valles inundados creados por el hielo de los glaciares. Los valles son estrechos, de paredes empinadas y muy profundos. Durante la última glaciación, hace unos 14 000 años, Noruega estaba cubierta de glaciares. Cuando el hielo se derritió y subió el nivel del mar, el agua llenó los valles y creó los famosos fiordos de Noruega, incluido el magnífico fiordo de Geiranger.

Si no hubiera agua en los fiordos, verías que el fondo de los valles glaciares tiene forma de U debido al movimiento de los glaciares, que a medida que avanzan de las montañas hacia el mar se llevan parte de la tierra firme sobre la que reposan. El hielo, por sí solo, no erosiona la roca, pero los glaciares arrastran fragmentos de roca al avanzar montaña abajo, y son estos fragmentos los que se llevan la tierra y esculpen los valles.

El fiordo de Geiranger, en Noruega,
tiene más de 15 km de longitud.

La gruta de Hang Son Doong es tan ancha que podría cruzarla un avión de pasajeros sin que sus alas tocaran las paredes.

Cueva gigante

La gruta de Hang Son Doong tiene una longitud de más de 9 km y una anchura de 150 m.

Ho Khanh es un vietnamita que descubrió por casualidad la cueva más grande del mundo mientras buscaba madera. En aquel momento no fue consciente de la envergadura del descubrimiento y no le dio más importancia. Casi 20 años después, se encontró con los miembros de una expedición espeleológica y los llevó hasta lo que más tarde se conoció como la gruta de Hang Son Doong.

Esta descomunal caverna contiene dos cuencas huecas, o dolinas, que se formaron tras hundirse partes del techo. Las dolinas permiten el paso de la luz del sol, y por eso en las profundidades han proliferado selvas tropicales, regadas por un río subterráneo de cauce rápido. La cueva tiene una barrera de calcita de 90 m de altura conocida como la Gran Muralla de Vietnam.

La gruta de Hang Son Doong se encuentra en el Parque Nacional Phong Nha-Ke Bang de Vietnam.

La estalagmita más alta se encuentra en la cueva Zhijin, en China, y tiene una altura de 70 m.

Espeleotemas

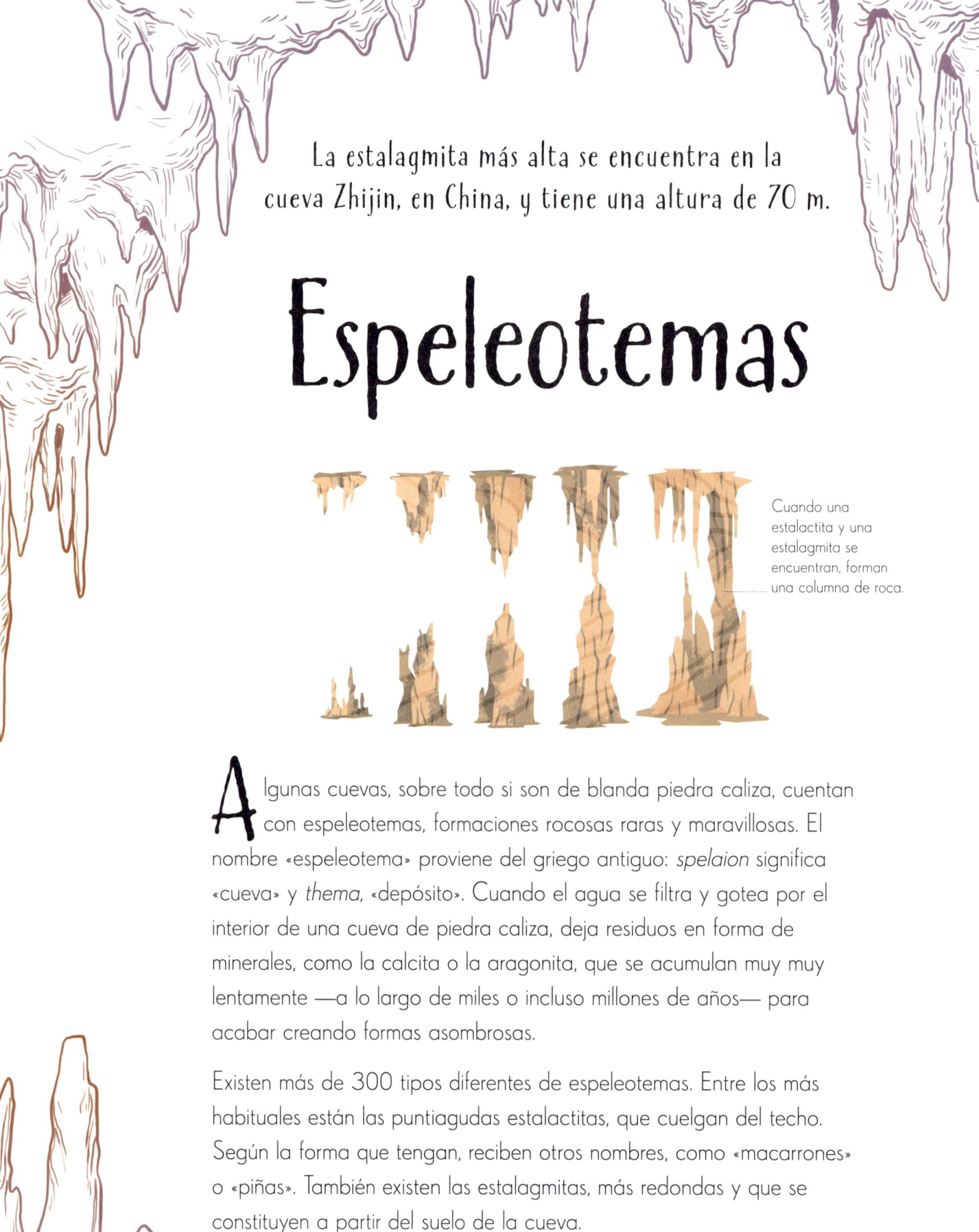

Cuando una estalactita y una estalagmita se encuentran, forman .... una columna de roca.

Algunas cuevas, sobre todo si son de blanda piedra caliza, cuentan con espeleotemas, formaciones rocosas raras y maravillosas. El nombre «espeleotema» proviene del griego antiguo: *spelaion* significa «cueva» y *thema*, «depósito». Cuando el agua se filtra y gotea por el interior de una cueva de piedra caliza, deja residuos en forma de minerales, como la calcita o la aragonita, que se acumulan muy muy lentamente —a lo largo de miles o incluso millones de años— para acabar creando formas asombrosas.

Existen más de 300 tipos diferentes de espeleotemas. Entre los más habituales están las puntiagudas estalactitas, que cuelgan del techo. Según la forma que tengan, reciben otros nombres, como «macarrones» o «piñas». También existen las estalagmitas, más redondas y que se constituyen a partir del suelo de la cueva.

Estas estalactitas colgantes y estalagmitas del suelo pertenecen a las cuevas del Drach, en la isla de Mallorca, España.

Algunas perlas de las cavernas brillan tanto que
al mirarlas te ves reflejado como si fueran un espejo.

Perlas de las cavernas

A pesar de compartir nombre, las perlas de las cavernas no son perlas. Estas «perlas» son de forma redonda, pueden ser marrones o blancas, y a veces brillan. Sin embargo, al contrario que las perlas reales, no se producen en el mar, sino que aparecen en cuevas de piedra caliza.

Las perlas de las cavernas se originan a partir de partículas de piedra caliza, caparazones o arena, que constituyen lo que se conoce como núcleo de la perla. Cuando las gotas de agua impactan sobre el núcleo, dejan trazas de calcita, un mineral que con el paso del tiempo se va acumulando capa tras capa y va haciendo que la perla aumente de tamaño. Las perlas de las cavernas crecen en paredes, techos y suelos de las cuevas; se encuentran sobre todo en pozas de agua poco profundas.

El agua hace rodar las perlas
de las cavernas y las pule.

En la gruta de Hang Son Doong, en el Parque Nacional
Phong Nha-Ke Bang de Vietnam, se encuentran muchas
de estas raras perlas de las cavernas.

Coral esponja

Tortuga

Peces mariposa

Pez espada

Ofiura

Medusa corona

Pez bruja

Zonas del océano

La profundidad del océano varía, desde las aguas superficiales iluminadas por el sol hasta las tinieblas de las fosas profundas. Todo tipo de maravillosas criaturas marinas habitan los diferentes niveles, o zonas, del océano, desde tortugas, delfines y peces mariposa cerca de la superficie, hasta cerdos de mar y peces caracol que viven muy muy abajo, en las profundidades más recónditas.

Zona de luz solar

0-200 m

Como su nombre indica, la luz del sol copa esta zona, lo que ayuda a mantener su temperatura cálida. Aquí es donde viven la mayoría de las plantas y los animales del océano.

Delfín

Zona crepuscular

200-1000 m

Esta zona es más fría y oscura, pero todavía recibe algo de luz. Por la noche, algunos animales suben hasta la zona de luz solar para comer.

Pulpo

Zona batial

1000-4000 m

La luz del sol no llega a la zona batial y, por lo tanto, está completamente a oscuras y muy fría. La única luz proviene de animales concretos que emiten luz propia.

Rape

Zona abisal

4000-6000 m

Apenas vive nada en las gélidas y tenebrosas aguas o en el lecho marino de esta zona.

Cerdo de mar

Zona hadal

6000-11 000 m

Las fosas, a mucha más profundidad que gran parte del lecho marino, se desploman hasta las profundidades más remotas del océano. Aquí es donde la presión del agua es más intensa.

Pez caracol

Chimeneas submarinas

Las torres pueden llegar a levantarse unos 55 m antes de tambalearse y derrumbarse.

En las profundidades más oscuras del lecho oceánico hay unas chimeneas submarinas de aspecto curioso. En realidad, son fuentes termales o, más concretamente, hidrotermales. También se conocen como fumarolas submarinas.

Las fuentes hidrotermales se encuentran en los puntos donde se crea corteza oceánica nueva. Las chimeneas aparecen cuando el agua de mar se filtra por las grietas, o fisuras, de la corteza oceánica y el magma la calienta. El agua de mar caliente, ahora rica en minerales, vuelve a la superficie a través de las fuentes. El agua de mar de las fuentes hidrotermales puede llegar a más de 400 °C de temperatura. El agua se enfría cuando erupciona en el frío océano y sus minerales se acumulan y crean montículos y torres.

Una fuente hidrotermal escupe agua rica en minerales en la dorsal mesoatlántica del océano Atlántico.

Los nódulos de manganeso crecen lentísimos:
solo 1 cm cada millón de años.

Nódulos de manganeso

La mayoría de los nódulos tienen un tamaño entre una pelota de golf y una bola de bolos.

Las capas de los nódulos se parecen a los anillos de los troncos de los árboles y muestran cómo crecen con el paso del tiempo.

Grandes áreas del océano profundo continúan siendo un gran misterio. Pero en el mismo lecho del océano se ha hecho un hallazgo sorprendente. Muchas áreas del lecho marino están cubiertas de unas masas metálicas conocidas como nódulos de manganeso. Se denominan así porque el manganeso es el principal metal que las compone, pero también contienen hierro, níquel, cobalto, cobre y titanio.

Los nódulos de manganeso están presentes en todos los océanos del mundo, y muy especialmente en un área enorme del océano Pacífico ante la costa de México. Su formación parece de cuento de hadas: los metales se disuelven en el agua de mar y con el tiempo se van acumulando formando capas alrededor de un objeto, como un caparazón, un hueso o un diente de tiburón. En el futuro, quizá se recojan estos amasijos olvidados del fondo del mar por los apreciados metales que contienen.

Estos nódulos de manganeso reposan en el lecho del océano Atlántico.

Pueden pasar miles de años
hasta que los cocolitos
lleguen al fondo del océano.

Esta imagen se ha ampliado varias vece
para mostrar los preciosos diseños de
las placas de cocolito que envuelver
las redondas cocosferas

Sapropel oceánico

El lecho oceánico está cubierto de minúsculas partículas de rocas y minerales conocidas como sedimento. Los ríos, el hielo y el viento transportan algunos granos de este sedimento de la tierra firme al mar. No obstante, los sedimentos del océano profundo son algo diferente. Estos sedimentos se conocen como sapropel y son los restos de vida marina mezclados con agentes químicos en el agua que se hundieron hasta el lecho oceánico.

Casi todo el sapropel es calcáreo, lo que significa que está compuesto por barro de carbonato cálcico calcáreo, y lo producen unos minúsculos organismos unicelulares acuáticos, el fitoplancton, que flotan cerca de la superficie del océano. Uno de los principales tipos de fitoplancton se denomina cocolitóforos, unos organismos protegidos por cubiertas de forma redonda, o cocosferas. Cada cocosfera está rodeada por unas placas circulares, los cocolitos. En algunas áreas del océano existen millones, miles de millones o incluso billones de cocolitóforos, y sus cocolitos tardan muchos muchos años en llegar al lecho oceánico, donde acaban creando el sapropel calcáreo de color crema.

Las minúsculas partículas de vida marina y otras materias que se van hundiendo hacia el fondo del océano se conocen como nieve marina.

Olas

¿**H**as estado alguna vez junto al mar y observado cómo rompen las olas contra la orilla? Las olas son potentes estallidos de energía causados por el viento. Empiezan en el océano profundo. El viento comienza a soplar por la superficie del agua, y hace que esta suba y baje. Primero se forman ondas, y a medida que el viento continúa soplando, las ondas se transforman en olas; cuanto más sopla el viento, mayores son las olas.

Al final, la ola acaba su trayecto e impacta, o rompe, contra la orilla. Rompe porque la parte superior de la ola, conocida como cresta, ¡literalmente se rompe al caer! Adelanta al agua que tiene por debajo, que se ha visto frenada por la pendiente del suelo bajo el agua. Y cuando la ola rompe, el aire se llena de bruma, y la espuma parece una bandada de caballos blancos lanzados en tropel hacia la orilla.

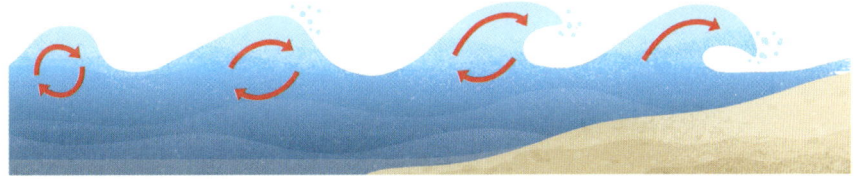

El agua de cada ola avanza en círculos, transfiriendo la energía hacia el agua que tiene delante y desplazando la ola hasta que rompe contra la orilla.

Las olas pueden llegar
a alturas de más de 20 m.

Esta enorme y potente ola oceánica rompe en una tarde de tormenta. Las olas inusualmente grandes como esta se conocen como olas vagabundas o solitarias.

Remolino

¿**T**e has fijado alguna vez en el agua cuando se va por el desagüe de la pila o la bañera? Da vueltas y vueltas. Forma un pequeño remolino. En la naturaleza, pueden aparecer remolinos en ríos de cauce rápido o, a mayor escala, en el mar. Los más grandes se denominan maelstroms, que son feroces remolinos violentos capaces de tragarse un barco entero.

Los remolinos aparecen cuando el agua oceánica que avanza en una dirección coincide con agua oceánica que avanza en otra. La dirección en la que se mueve el agua se conoce como corriente, y siempre está cambiando. Cuando coinciden dos corrientes rápidas así, ambas intentan superarse sin perder velocidad. Imagínate que te encuentras con alguien que viene hacia ti y ninguno de los dos quiere frenar; tendríais que apartaros para continuar. Y eso es lo que hacen las corrientes, pero entonces entran en una espiral y forman un remolino.

Los remolinos gigantes pueden llegar a tener
10 m de ancho y 5 m de profundidad.

El agua avanzando en una dirección coincide con agua avanzando en dirección contraria.

Si el remolino se mueve en espiral hacia abajo, se forma un espacio hueco en el centro conocido como vórtice.

Arrecife de coral

Los peces mariposa de cola negra, con pequeñas rayas, son autóctonos del mar Rojo, una gran bahía del océano Índico.

Los peces payaso tienen su hogar en las cálidas aguas tropicales de los arrecifes de coral.

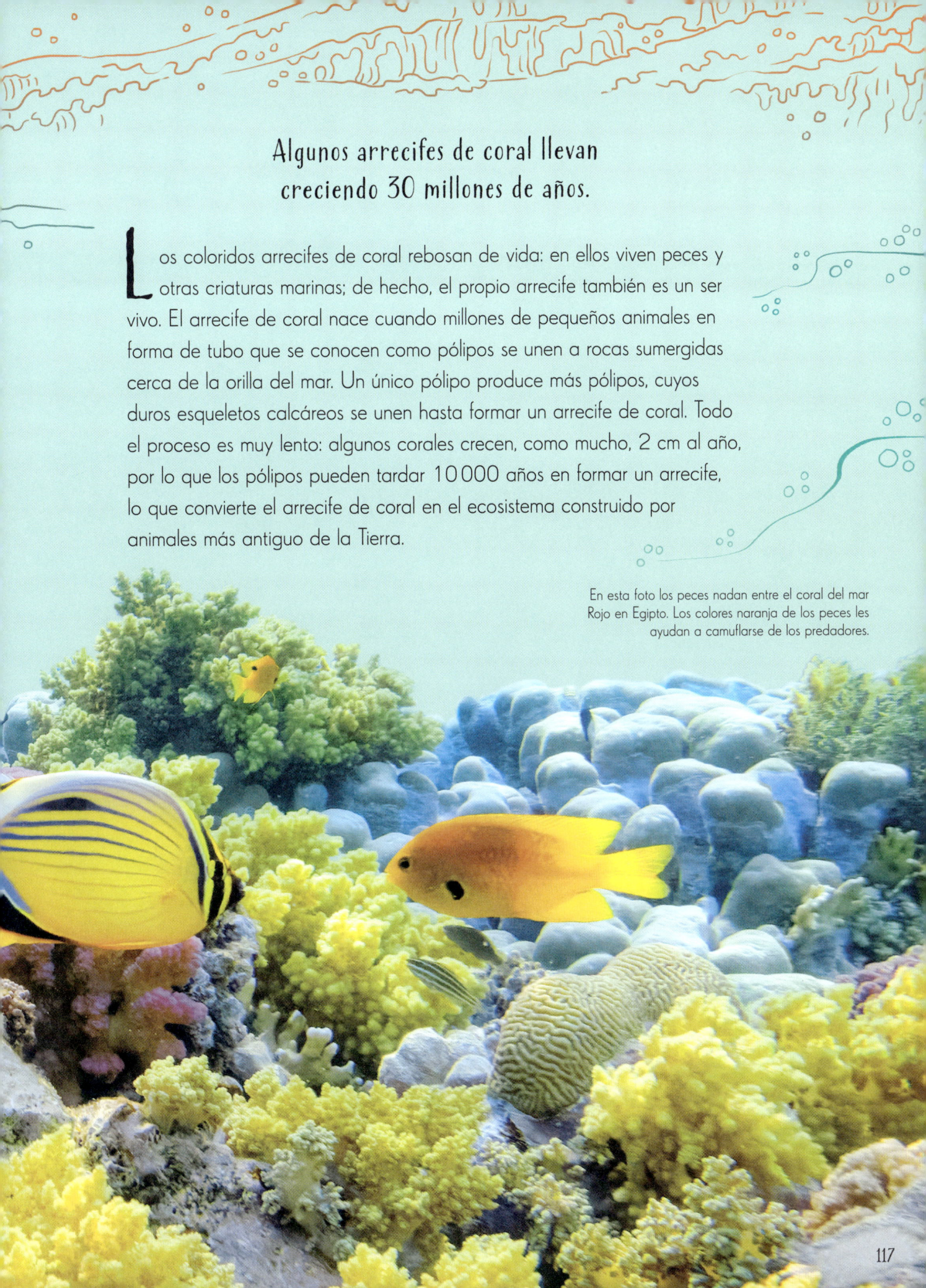

Algunos arrecifes de coral llevan creciendo 30 millones de años.

Los coloridos arrecifes de coral rebosan de vida: en ellos viven peces y otras criaturas marinas; de hecho, el propio arrecife también es un ser vivo. El arrecife de coral nace cuando millones de pequeños animales en forma de tubo que se conocen como pólipos se unen a rocas sumergidas cerca de la orilla del mar. Un único pólipo produce más pólipos, cuyos duros esqueletos calcáreos se unen hasta formar un arrecife de coral. Todo el proceso es muy lento: algunos corales crecen, como mucho, 2 cm al año, por lo que los pólipos pueden tardar 10 000 años en formar un arrecife, lo que convierte el arrecife de coral en el ecosistema construido por animales más antiguo de la Tierra.

En esta foto los peces nadan entre el coral del mar Rojo en Egipto. Los colores naranja de los peces les ayudan a camuflarse de los predadores.

Atolón de coral

Algunas islas volcánicas rodeadas de coral se hunden en el océano.

A pesar de que el volcán desaparece bajo el agua, el arrecife de coral permanece en la superficie.

El atolón Pakin encierra una preciosa laguna azul en Micronesia, en el océano Pacífico.

Un atolón es un arrecife en forma de círculo, normalmente de coral, que rodea un cuerpo de agua, conocido como laguna, a veces con una isla en medio. La mayoría de los atolones se encuentran en el océano Pacífico, donde se alcanza la temperatura suficiente para que los corales puedan crecer.

El científico británico Charles Darwin fue la primera persona que logró entender cómo se creaban los atolones. Dedujo que el atolón es lo que queda cuando una isla volcánica se hunde en el mar. Antes de que se hunda, crece coral en las cálidas aguas poco profundas alrededor de su perímetro y se forma un arrecife periférico. Cuando el volcán se hunde y sube el nivel del mar, el coral continúa creciendo y forma un arrecife de barrera con una laguna entre el volcán y el coral. Al final, el volcán acaba desapareciendo por completo y solo queda el atolón.

La exploradora española Isabel Barreto realizó uno de los primeros avistamientos registrados del atolón Pakin en 1595.

Los bosques de algas crecen a lo largo de una quinta parte de todas las costas del mundo.

Bosque de algas

Las nutrias marinas se envuelven en estas algas para anclarse en un lugar. Las nutrias son cruciales para la supervivencia de los bosques de algas, ya que cazan erizos de mar, animales que se alimentan de estas algas.

El alga parda es un tipo de alga marina que crece en las frescas aguas costeras superficiales de todo el mundo. La próxima vez que vayas a la playa, mira si ves alguna, ya que las tormentas suelen llevarlas hasta la orilla. Cuando estas algas crecen de manera muy frondosa, parecen un bosque, con sus largas frondas ondeando en el agua como si fueran hojas al viento. Sin embargo, al contrario que los árboles, estas algas no tienen raíces, sino que se unen al suelo o a una roca con una fijación pegajosa que actúa a modo de ancla mientras crece hacia arriba en busca de la luz. Las bolsas flotantes de aire, los neumatocistos, a lo largo de las frondas ayudan a mantenerlas verticales. Si las pequeñas bolsas en forma de globo no hiciesen su trabajo, las frondas quedarían enmarañadas en el fondo del mar.

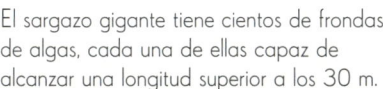

El sargazo gigante tiene cientos de frondas de algas, cada una de ellas capaz de alcanzar una longitud superior a los 30 m.

Al contrario que otras algas marinas, el sargazo no se fija en las rocas, sino que forma un jardín flotante justo por debajo de las olas.

Sargazo

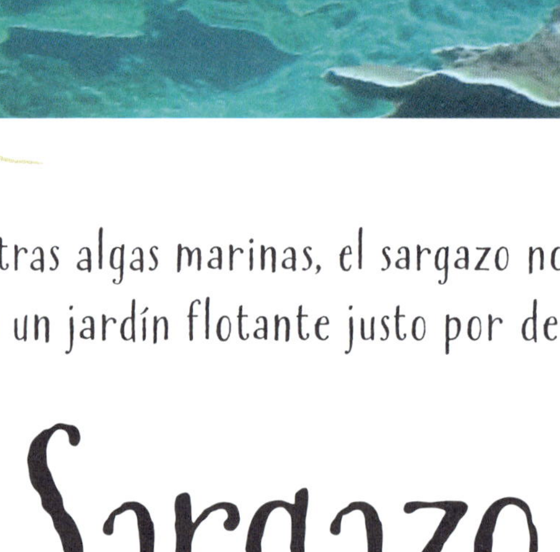

Un sistema de corrientes conocido como giro rodea el mar de los Sargazos. ....

Además de flotando en el mar de los Sargazos, estas algas marinas, el sargazo, se encuentran en las aguas costeras poco profundas y cerca de arrecifes de coral de todo el mundo. Este sargazo está flotando cerca de las islas Raja Ampat de Indonesia.

En medio del océano Atlántico norte existe una gran extensión de aguas tranquilas, transparentes y azules conocidas como el mar de los Sargazos. Estas serenas aguas son el hogar perfecto para que prolifere el sargazo, un alga marina marrón dorada.

Las aguas del mar de los Sargazos son tranquilas porque están situadas en el centro de un sistema circular de corrientes oceánicas conocido como giro. Las corrientes empujan el alga a la deriva hacia las aguas calmadas, donde prolifera. El sargazo supone un santuario para la vida marina, incluidos anguilas, cangrejos, peces y pequeñas tortugas, que se ocultan entre las algas para estar a salvo de sus enemigos.

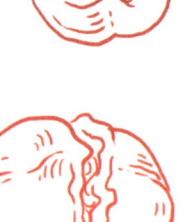

Marea roja

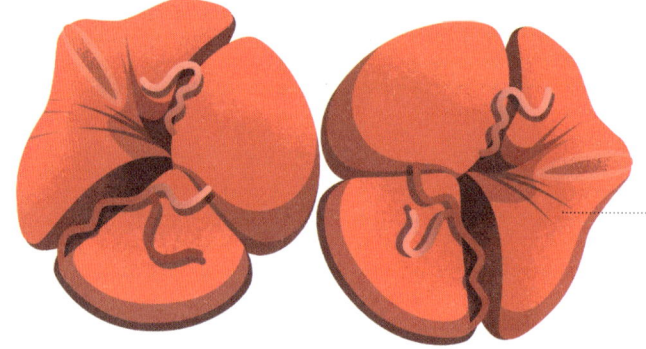

Unas microalgas diminutas de nombre *Karenia brevis* causan la marea roja.

Puede que tenga un aspecto atractivo, pero la marea roja significa peligro, ya que la provocan unas microalgas nocivas que hacen que el agua se vuelva roja. Las microalgas son unos diminutos organismos vegetales simples que viven tanto en agua dulce como salada. Cuando se reproducen mucho y florecen como las plantas, se dice que aparece una proliferación de algas. En general, estas proliferaciones son útiles, ya que dan comida a una gran variedad de criaturas marinas, como las gambas y las medusas. No obstante, cuando el crecimiento se descontrola, se convierte en una invasión y supone un peligro. Pueden intoxicar y terminar con la vida de mariscos y peces, y si comes pescado infectado, puedes acabar muy enfermo.

Es complicado predecir las mareas rojas, pero por suerte no suelen durar mucho, entre un día y pocas semanas. Como son tan peligrosas, los científicos incluso llegan a usar unos telescopios especiales para detectarlas desde el espacio y así alertar de su ubicación a las personas para que sepan que no pueden pescar ni nadar cerca.

Las mareas rojas no son siempre rojas: el agua también puede tener un aspecto marrón, naranja óxido o incluso verde.

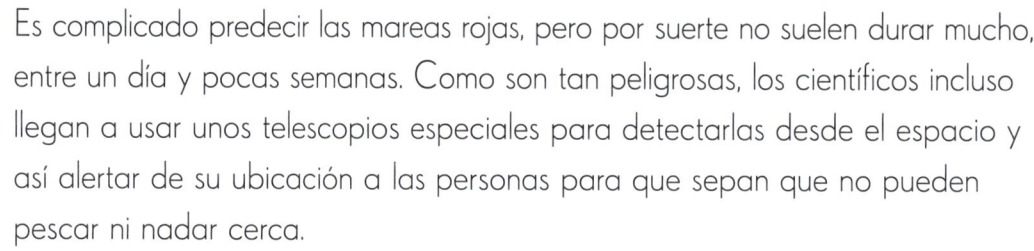

Esta proliferación de algas azota las islas Bountiful, en el golfo de Carpentaria, en Queensland, Australia.

Regiones polares

El Ártico y la Antártida están situados en extremos opuestos de la Tierra. El Ártico está en el polo norte, en la parte superior, mientras que la Antártida está en el polo sur, en la parte inferior. Ambos lugares son enormes regiones vacías, frías y cubiertas de hielo. No obstante, mientras que el Ártico es un océano rodeado de tierra, la Antártida es un continente rodeado de océano.

El Ártico

El Polo Norte se encuentra en el océano Ártico, que está cubierto de hielo en movimiento que se derrite en verano y se congela en invierno. Al contrario que en el Polo Sur, no existe una señal permanente en el Polo Norte, porque se trata de hielo desplazándose sobre el mar. El Polo Norte se encuentra a unos 700 km de Groenlandia.

Algas del hielo

Las algas que crecen en el hielo se conocen como algas del hielo. Estas algas proliferan en las burbujas del hielo atrapando el agua líquida de su interior. Cuando el hielo marino se derrite, las algas se hunden hasta el lecho marino, donde acaban siendo pasto de animales y bacterias.

Monte Erebus

La Antártida cuenta con montañas, valles e incluso volcanes, como el monte Erebus, el volcán activo más meridional del mundo. Aquí puedes observar una columna de gases saliendo del cráter, que contiene un lago de lava abrasadora.

Las focas de Weddell viven y cazan en las banquisas antárticas.

Mamíferos antárticos

Las focas son los únicos mamíferos que viven en la tierra firme de la Antártida; en el continente se encuentran diversas especies. Viven en el hielo o en pequeñas islas alrededor del continente.

Mamíferos árticos

Al contrario que en la Antártida, en el Ártico viven muchos mamíferos, como osos polares, zorros polares, renos y lobos polares. Todos estos mamíferos cuentan con un pelaje espeso que les protege del frío.

Los osos polares juegan con sus oseznos en el hielo ártico.

Hielo marino

El hielo marino sobre el Ártico tiene un grosor de unos 1,8 m, pero en algunas áreas se comprime y se acumula, y puede llegar a formar bloques de hielo con el doble de grosor.

La banquisa es agua de mar congelada que flota en el océano en forma de placas gruesas.

Sol de medianoche

Tanto el Ártico como la Antártida tienen dos estaciones largas. Durante los seis meses de invierno, es oscuro prácticamente todo el día y la noche. Durante el verano, en cambio, siempre hay luz. El sol no llega a ponerse, sino que se queda bajo en el horizonte. En la medianoche se denomina el sol de medianoche.

Antártida

La Antártida es el continente más frío, seco y ventoso, con rachas de viento de hasta 320 km/h. ¡Es tan seco que se le clasifica como desierto! Estas condiciones hacen que sea demasiado frío para habitarlo de manera permanente. Mientras que el Ártico ha tenido habitantes durante miles de años, en la Antártida solo hay visitantes, ya sean investigadores, exploradores o turistas.

Monstruos de nieve

Los abetos de Maries son autóctonos de Japón.

Como si salieran de un cuento de hadas terrorífico, cada invierno aparecen «monstruos de nieve», o *juhyo*, en las laderas del monte Zao, Japón. Sin embargo, no hay que tenerles miedo, porque, de hecho, son abetos cubiertos de nieve.

Estas coníferas son de hoja perenne, lo que significa que no pierden las hojas en invierno. Entre finales de diciembre y mediados de marzo soplan vientos gélidos y cargados de nieve y hielo desde la Siberia ártica. Se pueden llegar a acumular varios metros de nieve. Y gracias a la potencia de los vientos, los carámbanos que se forman son prácticamente horizontales. Los árboles quedan cubiertos una vez tras otra por capas y más capas de nieve y hielo, y así es como se forman estos amenazadores monstruos de nieve tan altos.

Los monstruos de nieve pueden llegar a los 30 m de altura.

La nieve y el hielo pueden hacer que los abetos parezcan figuras extrañas levantándose del suelo.

Glaciar

Los glaciares van bajando lentamente y cambian el paisaje sobre la marcha. Se dice que el glaciar avanza, o crece, cada vez que recibe más nieve y hielo.

El glaciar avanza por el frente.

El glaciar Pata de Elefante tiene una anchura de 5,4 km, ¡y se ve desde el espacio!

Los glaciares son ríos de hielo congelado que avanzan lentamente montaña abajo. Pueden pasar miles de años hasta que se formen. Con el paso del tiempo, la nieve se acumula en capas y va ejerciendo presión sobre el hielo, hasta que acaba creando un glaciar. Si el clima se calienta, los glaciares se derriten. Tienden a empezar a hacerse pequeños a partir de su parte más baja, el frente se hace más corto y sube arriba, porque las temperaturas más altas se suelen producir en los niveles más bajos. No obstante, si el clima se mantiene frío, los glaciares van siguiendo montaña abajo hasta el mar.

El extraordinario glaciar Pata de Elefante de Groenlandia recibe este nombre porque tiene la misma forma que una pata de elefante. Este tipo de glaciar se denomina de piedemonte y se forma cuando el hielo de un valle empinado baja hacia una llanura plana y se abre en forma de abanico.

El glaciar Pata de Elefante se encuentra en el nordeste de Groenlandia.

Banquisa

Mientras que los icebergs son fragmentos que se han desprendido de un glaciar, la banquisa tiene un origen distinto, ya que se forma a partir de agua de mar. Cuando el invierno azota las gélidas aguas del Ártico y el Antártico, en la superficie del mar se forman cristales de hielo. El agua se congela, pero antes se separa de la sal, que queda en el océano. Mientras, los cristales de hielo, de agua dulce, se unen en finas capas que parecen hojas de papel. Poco a poco, estas láminas de hielo se solapan y se juntan unas con otras, creando capas más gruesas de banquisa o hielo marino.

Durante el invierno, estos fragmentos se mueven, chocan entre sí y se van juntando hasta cubrir áreas enormes de mar, de manera que, en vez de ser azul, la superficie del mar es blanca a lo largo de muchos kilómetros. Como si fuera un espejo, esta superficie blanca refleja el calor del sol hacia el espacio, lo que resulta muy útil para mantener estable la temperatura del aire y del océano.

Glaciar   Iceberg

Los icebergs se separan de los glaciares,
que tienen su origen en tierra firme.

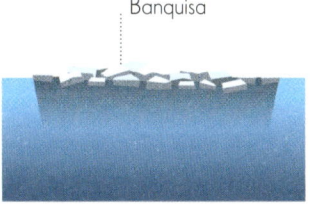

Banquisa

La banquisa viene del océano.

La banquisa es un lugar de descanso ideal para
focas, morsas y otros animales polares.

Estas focas cangrejeras reposan
en la banquisa de la Antártida.

Iceberg rayado

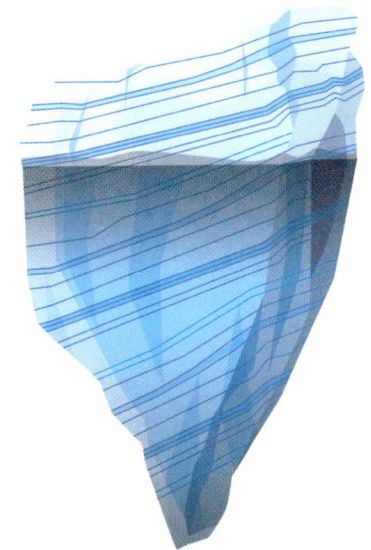

Solo una octava parte de los icebergs sobresale de la superficie; el resto queda bajo el agua.

Este imponente iceberg gigante destaca entre las aguas gélidas a unos 1000 km al norte de la Antártida. Sobresale unos 9 m del agua y tiene una longitud aproximada de 45 m. Pero hay algo que destaca más que su tamaño: sus rayas azules. Estas rayas aparecen cuando el agua que penetra en los huecos del hielo se congela tan rápido que no tiene tiempo de crear burbujas, ya que son las minúsculas burbujas de aire las que descomponen la luz y dan a la mayoría de los icebergs su habitual aspecto blanco.

Los icebergs son grandes fragmentos de hielo de agua dulce que se han desprendido de un glaciar y flotan libremente en aguas abiertas. Estos icebergs con rayas se denominan icebergs estriados; las rayas no siempre son azules. Si un glaciar baja por la montaña sobre rocas, barro o arena, se pueden incrustar escombros en su base. Y cuando el iceberg se rompe, estos escombros pueden hacer aparecer rayas marrones, amarillas o negras. Las algas microscópicas que viven en el mar se pueden congelar y crear franjas verdes en algunos icebergs flotantes.

Este iceberg estriado rondaba por el océano Antártico entre Sudáfrica y la Antártida.

El hielo puro y azul de glaciar es duro
como la roca y no se derrite con facilidad.

Hielo azul

El aire atrapado
hace que las
diminutas
burbujas del
hielo azul sean
de color blanco.

En la gélida Antártida, los enormes glaciares de color azul sobresalen del mar. El hielo es azul porque cuando las capas de nieve ejercen presión hacia abajo, aplastan la nieve que tienen debajo hasta convertirla en hielo y le estrujan todas las burbujas de aire. Cuanto más se aplasta el hielo blanco, más azul se ve.

El hielo es azul —y no rojo o verde, por ejemplo— por cómo se desplaza la luz. Los colores del arcoíris, como en el aire que nos rodea, al mezclarse todos componen la luz blanca. Por eso cuando la luz pasa a través de hielo con burbujas de aire, este se ve blanco, porque refleja todos los colores. Sin embargo, el hielo grueso y compacto no contiene aire, por lo que se absorben todos los colores del arcoíris, menos el azul. Cuanto más grande es el iceberg o el glaciar, más azul se ve.

Un grupo de pingüinos barbijos
reposan sobre un iceberg azul
del mar de Weddell, Antártida.

Durante todo el año, la temperatura de las cuevas de hielo permanece por debajo de los 0 °C.

Cueva de hielo

En el lago Baikal, en Siberia, Rusia, hay muchas cuevas de hielo. Es el lago de agua dulce más profundo del mundo, con aproximadamente el 20 por ciento de toda el agua dulce.

Las cuevas de hielo son seductoras y deslumbrantes bajo el sol del invierno, pero tienen hielo todo el año: incluso en pleno verano o cuando hace calor en el exterior, el agua de la cueva continúa helada. El interior de la caverna atrapa el aire frío y al aire cálido le es imposible entrar y derretir el hielo.

Las cuevas de hielo se pueden formar de diferentes maneras. Algunas, como la cueva de hielo azul, se encuentran en grutas rocosas que se forman en la orilla de lagos helados. Otras cuevas de hielo aparecen en cámaras que antes habían tenido agua líquida, pero que se han helado. Algunas cuevas de hielo se forman en el interior de un tubo volcánico, que es un paso abierto por cuyo interior había circulado lava volcánica. Cuando la lava se retira, deja un paso hueco. Si después entra agua en el paso, se congela y forma una cueva de hielo. Los seres humanos usaron algunas de estas cuevas para conservar comida y mantenerla fría, antes de que se inventara la nevera eléctrica.

La cueva de hielo azul se encuentra en el lago Baikal, cubierto de gruesas placas de hielo entre noviembre y marzo.

Cuando se hiela una cascada, a veces las estalactitas
y estalagmitas de hielo se llegan a tocar y forman
espectaculares columnas de hielo.

Cascada helada

Cuando hace mucho frío, las cascadas se pueden helar enteras; si esto pasa,
se crean unos preciosos diseños elaborados de nieve y hielo. A pesar de que es
más fácil de que se hiele un riachuelo pequeño y de cauce lento, incluso las corrientes
de agua más rápidas se pueden helar, especialmente en lugares fríos y ventosos,
donde el agua en movimiento se sobreenfría, que es cuando la temperatura de las
gotas de agua en movimiento cae por debajo del punto de congelación de 0 °C
y se queda ahí.

Cuando el agua superfría se hiela, se solidifica y crea grumos de minúsculos cristales
en forma de aguja; esto se conoce como hielo cristalino. El hielo cristalino, en lugar
de formarse en la superficie del agua, se desploma y enfría más el agua al bajar,
lo que acentúa la formación de cristales. Tras helarse la primera capa de agua, las
otras capas se van acumulando y acaban creando la cascada helada.

Esta espectacular cascada helada se
encuentra en el cañón de Johnston, en el
Parque Nacional Banff, en Alberta, Canadá.

La racha de aire más veloz jamás registrada
se produjo en Australia en 1996, con 407 km/h.

Aire

Tenemos aire a nuestro alrededor, pero normalmente no lo vemos. Sin embargo, lo podemos notar en un día de viento si observamos cómo se mueven las nubes. Cuando llueve, sabemos que el agua que permanecía en el aire de manera invisible ahora está cayendo y nos deja empapados. El aire que respiramos es solo una capa de las muchas que componen la atmósfera. Esta capa es la que está más cerca de la superficie del planeta. Es en la que vivimos, y tiene una gran cantidad de oxígeno para que respiremos. Si escalas una montaña muy alta, donde el aire tiene menos oxígeno, decimos que el aire es «fino». Los escaladores a veces tienen que llevar oxígeno para respirar.

La mayoría de los fenómenos meteorológicos, como la lluvia, el granizo y la nieve, se producen en esta capa inferior. En los días despejados el cielo es azul, y cuando llueve puede aparecer un colorido arcoíris. En días de tormenta puede que veas rayos y oigas el estrépito de los truenos cuando la electricidad cruza el aire. Y en sitios concretos las auroras, con su baile de cortinas verdes, azules, rojas y púrpura, te dejarán boquiabierto.

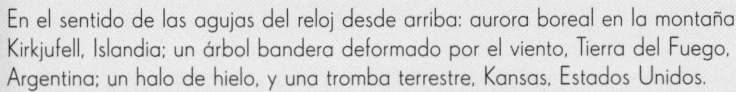

En el sentido de las agujas del reloj desde arriba: aurora boreal en la montaña Kirkjufell, Islandia; un árbol bandera deformado por el viento, Tierra del Fuego, Argentina; un halo de hielo, y una tromba terrestre, Kansas, Estados Unidos.

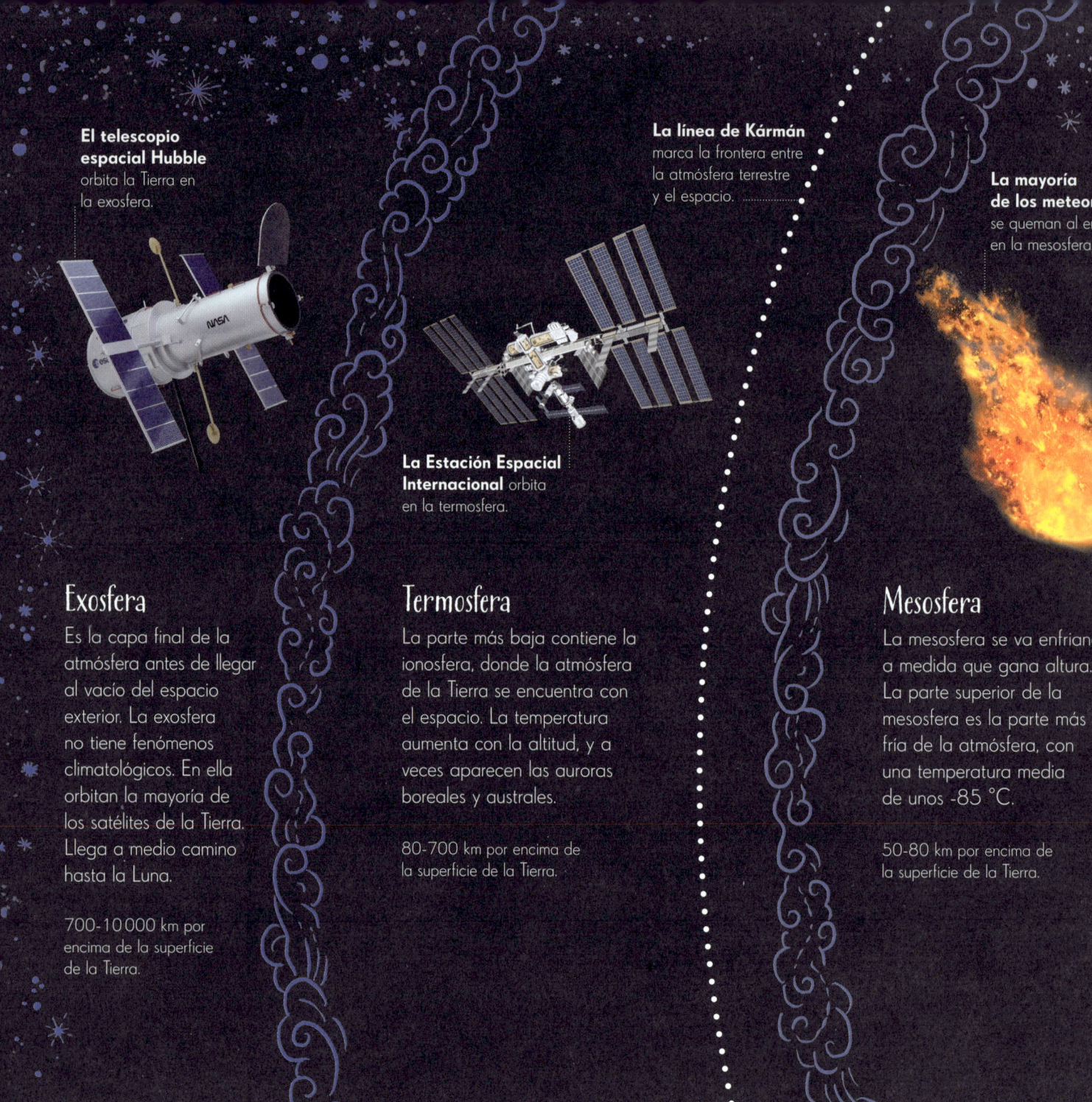

El telescopio espacial Hubble orbita la Tierra en la exosfera.

La Estación Espacial Internacional orbita en la termosfera.

La línea de Kármán marca la frontera entre la atmósfera terrestre y el espacio.

La mayoría de los meteor se queman al er en la mesosfera.

Exosfera

Es la capa final de la atmósfera antes de llegar al vacío del espacio exterior. La exosfera no tiene fenómenos climatológicos. En ella orbitan la mayoría de los satélites de la Tierra. Llega a medio camino hasta la Luna.

700-10 000 km por encima de la superficie de la Tierra.

Termosfera

La parte más baja contiene la ionosfera, donde la atmósfera de la Tierra se encuentra con el espacio. La temperatura aumenta con la altitud, y a veces aparecen las auroras boreales y australes.

80-700 km por encima de la superficie de la Tierra.

Mesosfera

La mesosfera se va enfrian a medida que gana altura. La parte superior de la mesosfera es la parte más fría de la atmósfera, con una temperatura media de unos -85 °C.

50-80 km por encima de la superficie de la Tierra.

Atmósfera terrestre

La Tierra está protegida por un manto de gases conocido como atmósfera, que mantiene estable la temperatura del planeta bloqueando los rayos de sol nocivos. La atmósfera está compuesta por cinco capas. La troposfera es la que tenemos más cerca y contiene el aire que respiramos.

La estratosfera es la capa más alta en la que pueden volar los **aviones reactores**.

Los fenómenos meteorológicos de la Tierra se producen en la troposfera. Es la única capa en la que podemos respirar sin ayuda. Los **globos aerostáticos** pueden volar hasta esta capa.

Estratosfera

La capa de ozono de la Tierra, que nos protege de la perjudicial radiación ultravioleta del sol, se encuentra en la estratosfera. Debido a los rayos ultravioleta, cuanto mayor sea la altura, más elevada será la temperatura.

12-50 km por encima de la superficie de la Tierra.

Troposfera

Cuanto más se sube en la troposfera, más frío hace, ya que gran parte del calor se genera en la superficie de la Tierra, calentada por el sol.

Hasta unos 12 km por encima de la superficie de la Tierra.

Atmósfera primitiva

El planeta Tierra se formó hace unos 4500 millones de años. Durante sus primeros 500 millones de años, unas descomunales erupciones volcánicas estuvieron escupiendo vapor de agua y otros gases. Esta actividad fue la que creó los océanos y la atmósfera.

Los volcanes liberan grandes cantidades de dióxido de carbono y poco o nada de oxígeno. También se produce vapor de agua.

Cuando la Tierra se enfría, el vapor de agua que liberan los volcanes se condensa hasta que se acaban formando los océanos.

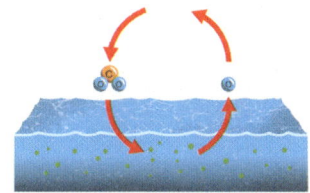

El dióxido de carbono se disuelve en el océano, donde más tarde evolucionan plantas y organismos diminutos que absorben CO_2 y liberan oxígeno.

Auroras

El origen de las auroras se encuentra en las explosiones de gas que emite el sol hacia nuestra atmósfera.

Los astronautas en el espacio pueden ver las auroras mientras orbitan la Tierra.

Por la noche se pueden ver unas extrañas y maravillosas siluetas y cortinas de color moviéndose por el cielo. Estos preciosos espectáculos de luz duran unos 30 minutos y se conocen como auroras, o más concretamente, auroras polares, porque solo se ven cerca de los polos. Las del polo norte se conocen como auroras boreales, mientras que las del polo sur se denominan auroras australes.

Las auroras se producen cuando el sol envía energía en forma de gas electrificado durante las tormentas solares. Si la energía se ve atraída hacia los polos norte y sur magnéticos de la Tierra y el gas llega a nuestra atmósfera, crea unos coloridos patrones en el cielo. El gas oxígeno produce los colores rojo y verde, mientras que el gas nitrógeno crea el púrpura y el azul.

La aurora boreal ilumina el cielo sobre un lago helado de Lofoten, Noruega.

Estos árboles de punta Slope, en Nueva Zelanda,
es imposible que crezcan rectos, porque el viento
siempre sopla en la misma dirección.

Viento

El aire cálido sube y el aire
frío baja. Este movimiento
es lo que crea el viento.

El lugar más ventoso de la Tierra es la Antártida, donde el
viento llega a velocidades aproximadas de 320 km/h.

Al aire no le gusta estar quieto, y el viento es aire en movimiento.
El conjunto de cambios en la temperatura de la tierra, el mar y
el aire producen el viento. Cuando el aire se calienta, sube, y cuando
se enfría, baja y pasa por debajo del aire más cálido que tiene encima.
Si estás en el exterior, puedes notar el viento en forma de suave brisa en
la cara, o, cuando sopla con más fuerza, puedes hacer volar una cometa.

El viento desplaza las nubes y trae lluvia y nieve. Los vientos más potentes
pueden provocar tormentas o incluso tornados y huracanes. En algunos
lugares, como en punta Slope, en el extremo sur de Nueva Zelanda, el
viento sopla con tanta fuerza y de manera tan constante que cambia la
forma de los árboles y les obliga a crecer hacia un solo lado.

Las nubes se forman cuando el vapor de agua que sube hacia el cielo se enfría. El aire frío es incapaz de conservar la misma humedad que el aire cálido, y por eso el vapor de agua se condensa en forma de nube.

Nubes

Hay nubes de todas las formas y tamaños; normalmente se generan en la capa inferior de la atmósfera terrestre, la troposfera. Su aspecto depende de la altura a la que están y de cómo sopla el viento. Entre las nubes altas se encuentran las noctilucentes, que aparecen tras el ocaso en los atardeceres cálidos de verano, y las madreperlas rosadas, que solo se ven en las regiones polares. Las nubes medias incluyen las mastodónticas, en forma de bulbo, preludio habitual de rayos y truenos. En este nivel también aparecen las nubes lenticulares, en forma de disco, que se apilan en el cielo como si fueran panqueques y que se encuentran a menudo cerca de áreas de montaña. En los niveles inferiores del cielo se pueden ver las ondeadas nubes asperatus, además de los estratocúmulos clásicos, blancos y esponjosos.

¡En alguna ocasión las nubes lenticulares se han confundido con platillos volantes!

De izquierda a derecha y de arriba abajo: brillantes nubes noctilucentes; coloridas nubes madreperla; redondas nubes mastodónticas; nubes lenticulares en forma de panqueque; ondeantes nubes asperatus, y esponjosas nubes estratocúmulos.

Nube de tormenta

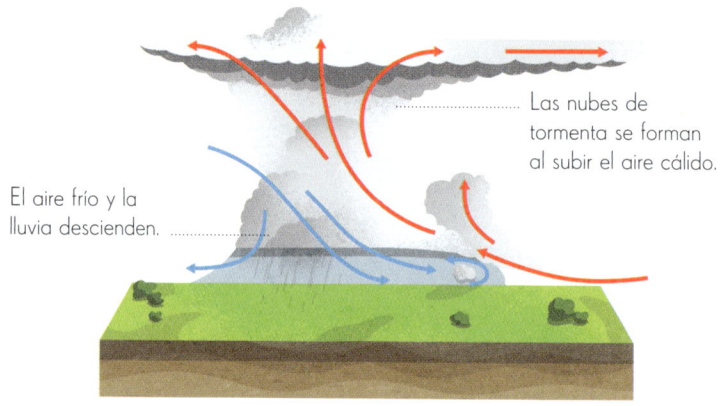

Las nubes de tormenta se forman al subir el aire cálido.

El aire frío y la lluvia descienden.

Las nubes mastodónticas se distinguen claramente cuando el sol las ilumina. Sus formas de bulbo cuelgan, de promedio, unos 0,5 km por la parte inferior de la nube.

Al cumulonimbo también se le conoce como el rey de las nubes. Estas nubes parecen torres descomunales elevándose hacia las alturas. Son nubarrones, y son el único tipo de nube que puede provocar lluvia, granizo, truenos y rayos.

En general, los cumulonimbos tienen la base plana, pero a veces por la parte inferior presentan lo que parecen globos de agua colgando. Estas pesadas bolsas redondas se conocen como nubes mastodónticas, y cuando superan un peso determinado porque están llenas de agua, cae la lluvia y se desencadena una tormenta.

La bolsa colgante de una nube mastodóntica puede llegar a una anchura de hasta 3 km.

153

Lluvia

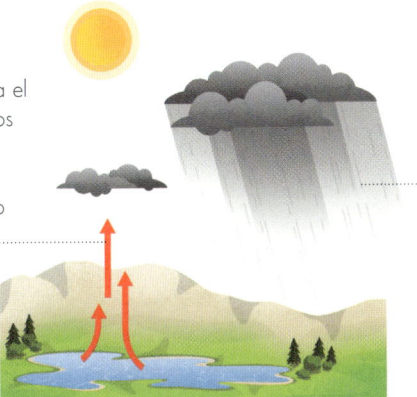

El sol calienta el agua de lagos y mares, que se evapora y sube flotando por el aire. ....

El agua se enfría y se condensa para formar nubes; si se crea suficiente vapor de agua, cae en forma de lluvia.

Gran parte de la superficie de la Tierra está cubierta por agua; no obstante, es agua salada que no podemos beber. Por eso el agua dulce de la lluvia es esencial para la vida en la Tierra. Llena ríos y lagos, y gracias a ella pueden vivir plantas y animales.

En climas más cálidos, la lluvia se forma cuando se acumulan minúsculas gotitas de agua en forma de nube. Cuando las gotitas son lo bastante grandes, caen al suelo en forma de gotas de lluvia. Las gotitas más pequeñas caen más lentamente que las grandes. Si son especialmente pequeñas, de menos de 0,5 mm, caen en forma de llovizna. La llovizna más fina cae tan lentamente que normalmente se evapora antes de llegar al suelo. En los climas más fríos, los cristales de hielo de las nubes pueden unirse y formar copos de nieve, que también se pueden derretir y caer en forma de lluvia. La falta de lluvia provoca sequías, pero cuando llueve en exceso se producen inundaciones, especialmente en áreas planas y de poca altura.

Una gota de lluvia tarda unos 2 minutos en llegar al suelo.

En esta foto, cae lluvia torrencial de una nube de tormenta en forma de seta, que se ha formado sobre el mar del Norte, cerca de la isla de Lindisfarne, Inglaterra.

El torbellino de aire cálido ascendente de un tornado coincide con el aire frío en descenso.

Los tornados pueden llegar a una altura de 1,6 km.

Tornado

También conocidos como torbellinos, los tornados son potentes columnas de viento en espiral capaces de dejar un rastro de devastación. Los tornados más potentes pueden absorber polvo y escombros, y árboles y coches, e incluso pueden llegar a arrancar tejados de las casas. Estas espirales de viento pueden alcanzar velocidades de hasta 500 km/h, ocupar una anchura de más de 3 km y avanzar más de 100 km por tierra firme.

Los tornados se suelen formar durante las tormentas. Dentro de los nubarrones, el aire cálido y húmedo sube, choca con el aire frío cuando este baja, y se precipita en forma de lluvia o granizo. Las corrientes cálidas y frías de aire en movimiento pueden girar y describir círculos. Si giran hacia arriba y después bajan hasta que la nube toca el suelo, se crea un tornado en forma de embudo.

Los tornados se suelen formar en anchas extensiones abiertas de llanuras, como este en Colorado, Estados Unidos.

El lugar con más niebla del mundo es el Gran Banco de Terranova, en Canadá; cada año tiene más de 200 días de niebla.

Niebla

Un sinfín de minúsculas gotitas de agua forma la niebla.

¿**S**abías que cuando caminas entre la niebla estás pasando a través de una nube? La niebla terrestre no deja de ser una nube que está en el suelo. El aire siempre contiene algo de vapor de agua, pero como es un gas, no lo ves. El aire húmedo contiene tanto vapor de agua que se nota mojado. Al atardecer, si el suelo frío hace bajar la temperatura de este aire cálido y húmedo, el vapor se convierte en gotitas de agua. Y si hay un número suficiente de estas gotitas de agua, entonces puedes verlas en forma de niebla.

La niebla en tierra firme aparece por la mañana, principalmente en valles cerrados y campos bajos. La niebla mañanera no persiste mucho, porque el sol la calienta, el viento se la lleva o la lluvia la deshace.

La niebla acecha los valles de la cumbre del Te Mata en Hawkes Bay, Nueva Zelanda.

Granizo

El granizo es hielo sólido que se forma cuando se congela el agua cerca de la parte superior de los nubarrones. Las corrientes de viento ascendente se llevan las gotas de agua hacia arriba y las corrientes descendentes se las llevan hacia abajo; este proceso se repite una vez tras otra. Cada vez que las gotas de agua suben y bajan por la nube, suman otra capa de hielo, y así el granizo va creciendo poco a poco. Las capas pueden ser traslúcidas o transparentes: si se hiela rápidamente, la nueva capa de hielo es traslúcida porque las burbujas no han tenido tiempo de formarse. Si se hiela más lentamente, queda una capa de hielo casi transparente.

El granizo cae cuando pesa demasiado para que las corrientes ascendentes lo puedan sostener. Si las gotas caen rápidamente, no tienen tiempo de derretirse y llegan al suelo en forma de granizo. La mayoría de las piedras de granizo son del tamaño de un guisante y se precipitan a unos 16 km/h, pero otras pueden ser mucho más grandes y caer a mucha más velocidad.

El granizo puede llegar a ser del tamaño de un pomelo y caer a 160 km/h de velocidad.

Este primer plano de una piedra de granizo muestra el centro traslúcido rodeado por una capa de hielo transparente y con burbujas.

Tormenta de hielo

El hielo pesa diez veces más que la nieve húmeda.

Curiosamente y al contrario que las otras tormentas, las tormentas de hielo son silenciosas, pero pueden ser igual de letales. Durante estas tormentas cae una lluvia muy fría y lo deja todo cubierto por una capa blanca plateada. Esta lluvia no está helada, sino superfría, y cuando cae sobre cualquier cosa que está todavía más fría, como un árbol o el cable de una línea eléctrica, se congela en forma de capa de hielo.

A medida que se van acumulando más capas, el hielo pesa tanto que puede provocar muchos daños. Al principio los árboles y las ramas crean estampas muy bellas, pero acaban rompiéndose por el peso, igual que las líneas eléctricas, lo que hace que muchas personas se queden sin calefacción o luz. Una de las peores tormentas de hielo que se recuerdan se produjo en diciembre de 1964 en la ciudad de Nueva York, Estados Unidos, en la que el hielo llegó a tener un grosor de casi 4 cm.

Flor silvestre congelada tras una tormenta de hielo.

Copos de nieve

Los copos de nieve parece que sean blancos mientras caen hacia el suelo, pero en realidad no tienen color.

En las nubes gélidas se forman grandes copos de nieve, con seis brazos intricados.

En las nubes frías se forman copos de nieve más pequeños, con seis brazos simples.

No existen dos copos
de nieve idénticos.

Cuando hace suficiente frío, las gotitas de agua de las nubes en las alturas se congelan y forman cristales de hielo. Estos cristales de hielo se unen y van creciendo más y más hasta que pesan tanto que caen de las nubes en forma de copos de nieve.

A simple vista, los copos de nieve parecen esponjosas migas blancas, pero si los miras con un microscopio, verás que cada uno tiene un diseño único. Todos los copos de nieve empiezan siendo un pequeño hexágono de seis lados, y cada uno cuenta con seis brazos, pero todos toman un camino diferente para llegar al suelo, cruzando temperaturas y humedades distintas en el aire, y es precisamente este trayecto lo que determina la forma y diseño final de cada copo de nieve.

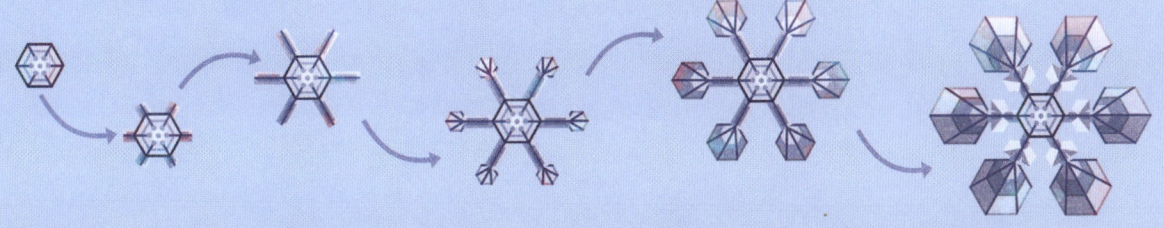

El científico británico Isaac Newton fue el primero que describió por qué se puede ver el arcoíris.

Arcoíris

Esta forma curva se denomina arco.

¿**H**as visto alguna vez el arcoíris en el cielo y te has preguntado por qué aparece? Pues es posible que también te hayas fijado en que en ese momento hay nubes de lluvia y hace sol al mismo tiempo, ya que para que aparezca el arcoíris, la luz del sol tiene que brillar a través de las gotitas de agua, como las de las nubes de lluvia, las cascadas o la bruma del mar.

Las diferentes longitudes de onda de la luz componen la luz del sol. Cada longitud de onda produce un color, y cuando se mezclan todos los colores, aparece la luz del sol blanca. Cuando la luz del sol cruza las gotas de la lluvia, se curva, igual que hace cuando cruza un cristal, y se separa en los siete colores que componen el arcoíris. Los colores, de fuera a dentro del arco, siempre son los mismos: rojo, naranja, amarillo, verde, azul, añil y violeta.

Cuando veas el arcoíris, siempre tendrás el sol a tu espalda y la lluvia delante de ti. Este espectacular arcoíris se eleva en el océano Atlántico sur, ante la isla San Pedro.

Arcos y halos

Todos los arcos describirían un círculo completo, pero normalmente solo ves un arco o un semicírculo porque el horizonte corta el resto.

¿Sabías que, además de los arcoíris, en el cielo también hay otros tipos de arcos? Los arcoíris de niebla aparecen cuando las diminutas gotas de agua de la niebla descomponen la luz. Suelen tener un aspecto blanco o de colores muy sutiles en el cielo porque, al contrario que los arcoíris, las gotitas de agua de la niebla son demasiado pequeñas para curvar la luz del sol lo suficiente como para que se separen bien sus colores. Un halo aparece cuando los cristales de hielo en el cielo reflejan la luz del sol y crean un arco blanco o de color, o un halo, o círculo entero. Los arcos lunares son un poco diferentes, ya que se crean cuando es la luz de la luna la que cruza las gotitas de agua; solo aparecen de noche.

El filósofo griego Aristóteles fue el primero que describió el avistamiento de un arco lunar en el año 350 a. C.

De arriba abajo: un arcoíris de niebla brilla sobre la banquisa en Svalbard, Noruega; un halo alrededor del sol en pleno invierno en Sajonia, Alemania, y un doble arco lunar alrededor de la Luna por la noche.

Tormenta eterna

Con su potencia, la energía eléctrica del relámpago del Catatumbo podría encender hasta 100 millones de bombillas.

Cuando se pone el sol sobre el lago Maracaibo, en Venezuela, un repentino destello de luz ilumina el cielo y se hace de día de repente, una vez tras otra. Este fenómeno es el relámpago del Catatumbo. «Catatumbo» significa «la casa del trueno» en el idioma del pueblo barí, que vive cerca del lago. El relámpago azota el lago Maracaibo en la desembocadura del río Catatumbo unas 28 veces por minuto durante hasta nueve horas.

La singular ubicación del lago es la responsable de que se produzca este raro acontecimiento. Una pared de montañas rodea el lago Maracaibo, y solo queda un estrecho canal abierto hasta el mar del Caribe. Durante toda la noche, los potentes vientos azotan el aire cálido del mar y el lago, y lo mandan hacia arriba, donde colisiona con el aire más frío del cielo y produce el relámpago. Cuando el amanecer marca el inicio de un nuevo día, todo vuelve a quedar en calma y tranquilidad; eso sí, solo hasta la siguiente tormenta eléctrica.

El relámpago del Catatumbo también se conoce como los faroles de Maracaibo, porque los marineros utilizaban la luz como referencia para orientarse.

Cada bloque de barro en forma de polígono suele contar con cinco o seis caras.

Las grietas de barro más antiguas de la Tierra tienen más de mil millones de años.

Grietas de barro

Las sequías se producen cuando pasa muchísimo tiempo sin llover. Lagos, ríos y arroyos quedan con muy poca agua, o incluso se llegan a secar por completo. En algunos sitios no queda suficiente agua dulce para beber. Los pueblos guardan agua en embalses, que son lagos artificiales construidos con ese fin y, si se secaran, no quedaría agua para el consumo de las personas. Las plantas se secan y a veces mueren.

En climas extremadamente calientes y secos, el suelo húmedo se seca y se cuartea. Estas grietas crean unas formas poligonales que describen unos increíbles diseños en el barro. Las grietas se secan desde la superficie hacia abajo, por eso son más anchas en la parte superior y más estrechas por la parte inferior. Los geólogos las usan para calcular la edad de las rocas. Cualquier cosa que esté por encima de las grietas es más reciente, y cualquiera que esté por debajo, más antigua.

Esta imagen muestra el lecho seco y agrietado del lago Burdur en Turquía.

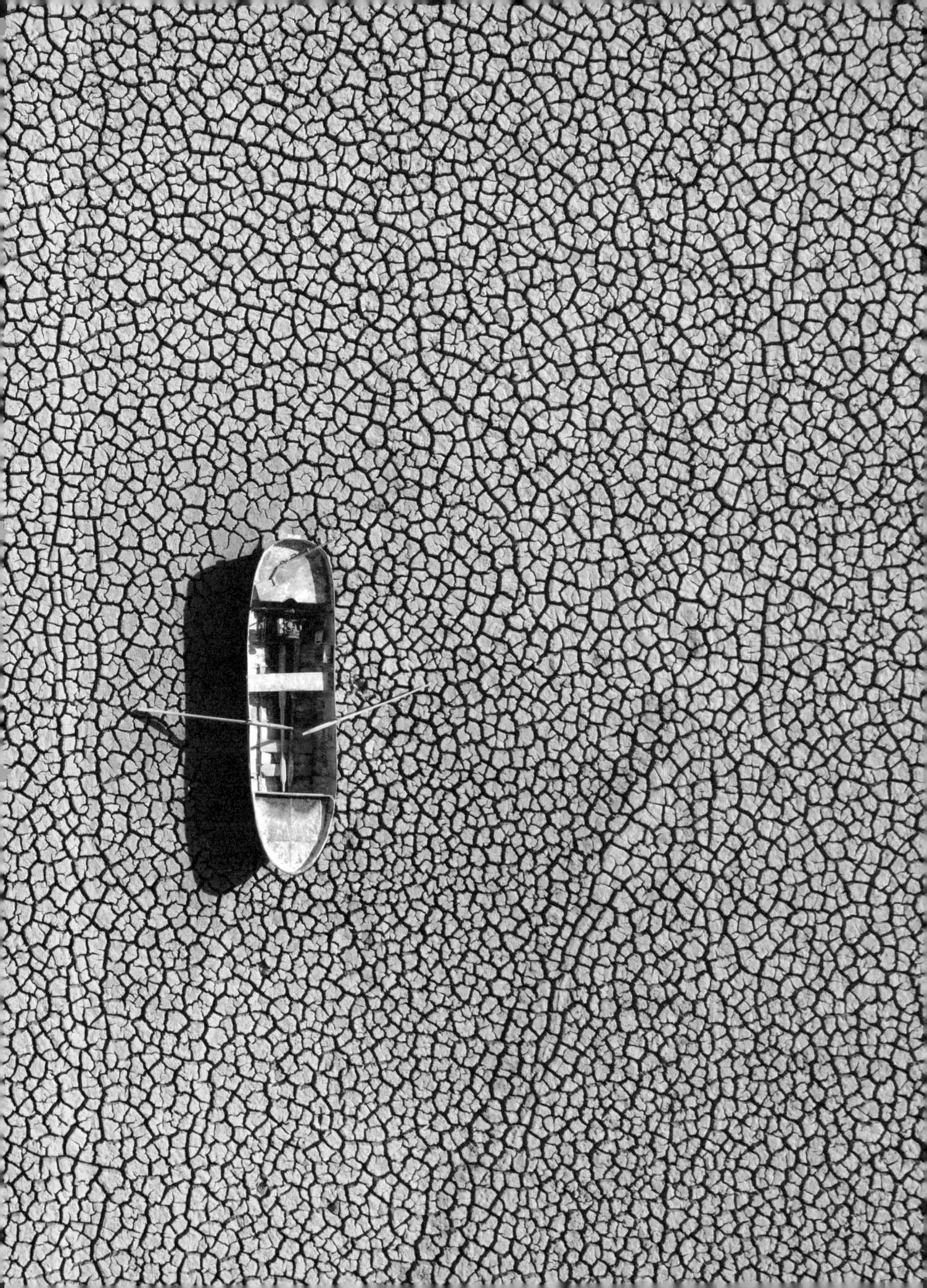

Paisajes

Si viajaras de un extremo a otro del mundo, encontrarías muchos paisajes y climas diferentes. Podrías empezar en la región ártica del polo norte y su frío gélido. A medida que bajaras hacia el ecuador, notarías que cada vez hace más calor y que el paisaje cambia. Allí verías praderas, arbustos bajos, árboles, bosques templados y selvas tropicales. Pasarías por ciénagas, pantanos, tierras inundadas e incluso tierra firme que se ha conquistado al mar.

Y no es solo la vegetación lo que cambia: por el camino verías montañas, desiertos, colinas y valles. Al acercarte al otro extremo del planeta volvería a hacer frío y el paisaje cambiaría de nuevo, hasta llegar al helado polo sur. El clima altera los paisajes: la meteorización y la erosión desgastan las montañas, rompen las rocas, y se llevan sus fragmentos por las laderas y los valles hacia el mar.

Incluso los paisajes desérticos pueden variar muchísimo, desde las dunas de arena del Sáhara, en el norte de África, hasta los cactus del Mojave, en Estados Unidos.

De arriba abajo: árboles en otoño; bosque de Acatenango, Guatemala; dunas de arena de Erg Chebbi, desierto del Sáhara, Marruecos, y camellos en el desierto de Gobi, Mongolia.

Montaña

En las montañas hace frío y viento, y suelen ser empinadas y rocosas. Cuanto más alta es la montaña, más frío y viento hace.

Polos

Las regiones polares ártica y antártica son las áreas más frías de la Tierra; normalmente están cubiertas de hielo, y en ellas crecen pocas plantas.

Más de la mitad de las especies de plantas y animales del mundo se encuentran en selvas tropicales.

Biomas

Las áreas de la Tierra que comparten clima y vegetación similares, y en las que viven unas plantas y animales concretos, se conocen como biomas o hábitats. La Tierra se divide en diez biomas, que van desde los áridos desiertos hasta las verdes y fértiles selvas tropicales.

- Montaña
- Polos
- Tundra
- Taiga
- Desierto
- Selva tropical
- Praderas tropicales
- Mediterráneo
- Pradera templada
- Bosque templado

Bosque templado

Los bosques templados tienen cuatro estaciones y un clima suave. En este paisaje crecen árboles de hoja caduca, como el roble, que pierden las hojas en invierno.

Pradera templada

Este paisaje recibe nombres diferentes según la región: pampas en Sudamérica, praderas en Norteamérica y estepas en Asia. En ellas crecen hierbas y arbustos.

Tundra

suelo de la tundra se encuentra sólido y helado en forma de permafrost prácticamente todo el año. Solo crecen resistentes arbustos, hierbas y musgos.

Taiga

En los fríos bosques (boreales) de taiga los inviernos son largos y los veranos, cortos. Crecen unos árboles, las coníferas, que tienen agujas en lugar de hojas.

Desierto

Pocas plantas y animales viven en las áridas tierras desérticas. Algunos desiertos son cálidos y soleados, mientras que otros son polares y fríos.

Selva tropical

Las selvas tropicales son cálidas y húmedas. Los árboles crecen con facilidad, ya que llueve casi a diario.

Mediterráneo

Los bosques y los matorrales componen gran parte de la vida vegetal de este bioma costero, con sus cálidos veranos secos y suaves inviernos lluviosos.

Praderas tropicales

Las praderas secas, también conocidas como sabana o llanuras, están cubiertas de hierba baja y alta, y pocos árboles.

Desierto cálido

Los oasis son fuentes de vida en los áridos desiertos cálidos. En ellos crecen plantas y los animales pueden beber agua dulce.

El desierto del Sáhara ocupa casi un tercio de África.

Como ya habrás deducido a partir de su nombre, en los desiertos cálidos, además de ser secos, hace mucho mucho calor: de día el termómetro supera los abrasadores 40 ºC. Sin embargo, por la noche hace mucho frío: su temperatura cae por debajo de los 0 ºC.

La mayoría de los desiertos cálidos están cerca del ecuador, que es la línea imaginaria que rodea la Tierra por el medio. El Sáhara es el desierto cálido más grande de todos. Está situado en el norte de África. El continente también es el hogar de uno de los desiertos cálidos más pequeños: el Namib. Tal vez pienses que los desiertos cálidos solo tienen arena y dunas, pero a veces tienen montañas y valles, y el suelo está cubierto de grandes peñascos o pequeñas rocas. Y mientras avances por la arena y la roca yerma, agradecerás encontrar un oasis verde y fértil.

Un dromedario se pasea por las dunas de Erg Chebbi en el desierto del Sáhara, en el norte de África. El viento crea las dunas empujando granos de arena y depositándolos en grandes pilas.

Desierto frío

Un pequeño árbol, el saxaul, vive en el desierto de Gobi; el viento dobla y da forma a su tronco y ramas.

Quizá te sorprenda saber que no hace calor en todos los desiertos. De hecho, el desierto más grande del mundo es un desierto frío, la Antártida, y no tiene ni un grano de arena. Un desierto es cualquier lugar con menos de 25 cm de precipitaciones al año, lo que incluye el polo norte en el Ártico y el polo sur en la Antártida.

Otro desierto frío descomunal es el de Gobi, en Asia central, que es un poco diferente de los desiertos ártico y antártico, porque sí que tiene algo de arena, aunque no mucha, ya que casi todo es roca. En el Gobi, hay una parte peculiar que se conoce como Jongoryn Els: son unas dunas de arena cubiertas de nieve, con una extensión aproximada de 100 km y hasta 300 m de altura.

Jongoryn Els se conoce como las dunas cantoras por el sonido que emite el viento al cruzarlas.

El camello bactriano es uno de los pocos animales capaces de sobrevivir en el inhóspito clima del desierto de Gobi.

El desierto Blanco de Farafra, Egipto, cuenta con pedestales de setas rocosas de arenisca de cuarzo blanco o caliza blanca.

La seta rocosa más grande se encuentra en Kansas, Estados Unidos, y mide unos 8 m de ancho.

Seta rocosa

Pináculo   Arco   Otero

Los vientos del desierto erosionan las rocas en muchas formas diferentes.

Hace millones de años el desierto Blanco de Egipto era un lecho marino. Cuando el mar se acabó secando, los cuerpos de millones de criaturas marinas se calcificaron, es decir, se endurecieron y se convirtieron en carbonato cálcico, lo que llevó a la creación de una enorme llanura de piedra caliza calcárea.

Los vientos del desierto arrastran mucha arena. Con el paso del tiempo, el embate constante del viento ha erosionado las rocas hasta darles formas muy extrañas, como estos pedestales en forma de seta. Acaban teniendo esta configuración porque las rocas más blandas de la parte inferior se erosionan antes que las rocas más duras de la parte superior.

Arena de granate

Las playas de arena suelen formarse en bahías protegidas y con olas más suaves, donde la arena se va acumulando y no la arrastra el agua.

Arena

Cuando pensamos en arena, lo más probable es que nos imaginemos playas o desiertos dorados de color «arena». Este tipo de arena está compuesto por granos de cuarzo redondeados. Sin embargo, hay arenas de diferentes tonos, según el tipo de roca y el color de los minerales que esta contenga. Por ejemplo, la negra roca volcánica basáltica se acaba convirtiendo en arena negra, y si contiene olivina, un mineral, sus granos son verdes. Algunas partes de la India y España tienen playas de arena roja, cuyo origen se remonta a los granates rojos formados en rocas metamórficas. Muchas playas de preciosa arena blanca son de corales y caparazones molidos, mientras que las playas blancas de Hawái son de caca de peces loro.

Arena mineral

Arena de caparazones

Arena volcánica

Arena del desierto

Arena de olivina

Se considera arena cuando los granos
de roca miden de 0,06 a 2 mm de ancho.

Karst

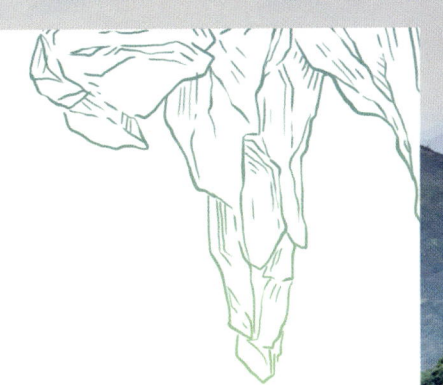

El agua de la lluvia se filtra por la blanda piedra caliza y poco a poco desgasta la roca.

A medida que se acumula agua, las grietas se ensanchan hasta que se forman ríos y cuevas bajo tierra.

Los techos de las cuevas se desploman, la subida del nivel del mar erosiona el paisaje y solo quedan las colinas.

Existe un paisaje especialmente inusual compuesto por colinas de piedra caliza, valles y llanuras. Debe su nombre, karst, a la meseta del Carso, en Europa, que cubre partes de Eslovenia e Italia. No obstante, los ejemplos más grandes y sorprendentes de karst se encuentran en el sureste asiático y el sur de China, donde enormes áreas de picudas colinas de piedra caliza están rodeadas de arrozales o agua.

El karst debe su peculiar paisaje al hecho de que la piedra caliza es una roca blanda que la meteorización deforma con facilidad para crear magníficas formaciones rocosas. El agua de la lluvia se filtra por cualquier grieta de la roca blanda hasta que acaba desgastándola y provocando la aparición de orificios en la superficie o simas. A continuación, el agua baja a mayor profundidad y forma ríos y cuevas bajo tierra. A veces las personas se bañan en simas inundadas, pozas en grutas y riachuelos subterráneos.

Hace más de 250 millones de años que se formó el paisaje kárstico del sur de China.

Las colinas kársticas sobresalen en la región de Guangxi, en el sur de China.

Sabana

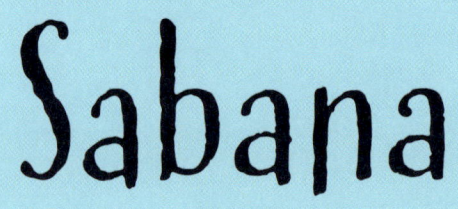

Algunas partes de la Tierra son demasiado cálidas y áridas para que crezcan fértiles bosques verdes, pero llueve lo suficiente como para que no se acaben convirtiendo en un desierto. Son praderas tropicales, y se conocen como sabana. La mayoría de las plantas que crecen en ellas son hierbas, hay pocos arbustos y árboles que salpiquen el entorno. El clima es principalmente cálido y seco, a pesar de que tienen una estación húmeda. Existen sabanas en todas las áreas tropicales del mundo, aunque la gran mayoría se encuentran en África.

En la sabana africana viven rebaños de animales, como jirafas, cebras, elefantes y gacelas. Incluso hay un pequeño antílope conocido como dic-dic, cuyo nombre proviene del sonido, dic-dic, que emiten las hembras.

El dic-dic habita las praderas del este y el sur de África.

Casi la mitad del continente de África está cubierto por praderas de sabana.

Cebras pastando en las llanuras de sabana africana rodeadas de altas acacias.

La palabra «templado» significa «no extremo».

Bosque templado

Las estaciones modifican los bosques templados, cubiertos de nieve en invierno, floridos en primavera, con hojas verdes en verano que se tornan doradas en otoño. Los árboles son de hoja caduca, lo que significa que pierden las hojas año tras año. En estos bosques no hace demasiado frío ni demasiado calor, gracias a la posición que ocupan en la Tierra, más o menos entre dos franjas a medio camino entre los polos y el ecuador. En ellos prolifera una amplia variedad de plantas gracias a los cálidos veranos y los fríos inviernos.

Por debajo de los árboles, como los robles, los fresnos y las hayas, crecen helechos y musgos, mientras que en primavera el suelo queda repleto de jacintos de los bosques. Al llegar el otoño a las personas les gusta ir a los bosques a recoger setas.

Estos árboles de hoja caduca muestran los colores del otoño, rojo, marrón y naranja, en las montañas Blancas de Nuevo Hampshire, Estados Unidos.

El eucalipto arcoíris llega
a crecer hasta 1 m al año.

Eucalipto
arcoíris

El eucalipto arcoíris crece
en las selvas tropicales de
Indonesia, Papúa Nueva
Guinea y Filipinas.

El precioso eucalipto arcoíris es el único eucalipto que se encuentra en selvas tropicales. Este árbol de rápido crecimiento puede llegar hasta los 75 m de altura, igual que un edificio de 20 plantas.

El eucalipto arcoíris fue descrito y recibió su nombre por primera vez en Indonesia en 1850. Debido a su extraordinaria corteza, fue bautizado como *Eucalyptus deglupta*; en latín, la palabra *deglupta* significa «pelado». Por el exterior, la corteza es naranja, pero a medida que el árbol crece, la corteza se pela en tiras y aparecen los colores del arcoíris: rojo, naranja, amarillo, verde, azul y púrpura.

La capa interior del eucalipto arcoíris es verde,
y los otros colores aparecen según el tiempo que
lleva expuesta al aire cada parte de la corteza.

Bosque de niebla

Descubierto en 2013, el pequeño olinguito tiene su hogar en los bosques de niebla de Colombia y Ecuador.

Mientras que la mayoría de las selvas tropicales crecen en lugares de poca altura, los bosques de niebla se hallan en la montaña, a gran altura, y están siempre envueltos de nubes, lo que crea un entorno húmedo especial en el que viven y proliferan extraordinarias especies de plantas y animales.

Los árboles de los bosques de niebla absorben el agua a través de las raíces, y también a través de las hojas. Las nubes están tan cargadas que las gotas de agua caen sobre las hojas y las empapan. Este fenómeno se conoce como precipitación horizontal. El agua que no absorben las hojas de las copas de los árboles gotea hacia otras hojas o acaba en el suelo, donde riega las plantas más bajas.

Solo el 1 por ciento de los bosques de la Tierra son bosques de niebla.

En esta foto aparece un bosque de la región del Chocó, en el noroeste de Ecuador.

Taiga

La dura plantita del camemoro vive en los bosques de taiga de todo el mundo.

Los bosques de taiga son lugares fríos y solitarios. También se conocen como bosques boreales, un nombre que hace referencia a Bóreas, el dios griego del frío Viento del Norte.

Estas regiones solo se encuentran en el hemisferio norte de la Tierra —justo al sur de la gélida región ártica—, en la parte norte de Norteamérica, Escandinavia y Rusia. En los largos inviernos, que duran más de medio año, las temperaturas suelen bajar por debajo de los 0 ºC y nieva muchísimo. Los cortos veranos son cálidos y lluviosos. El tipo de árbol que crece en la taiga es la conífera: píceas, abetos y pinos. Gracias a sus duras hojas en forma de aguja pueden sobrevivir a las gélidas temperaturas.

Aproximadamente un tercio de los bosques de la Tierra son taigas.

Este bosque de taiga cubierto de nieve se encuentra en Quebec, Canadá.

Árboles del bosque

Aunque los árboles del bosque tienen tamaños y formas diferentes, todos crecen hacia las alturas porque compiten entre ellos por la luz. El honor de ser el árbol más grande del mundo corresponde a una secuoya gigante de California, Estados Unidos, de nombre General Sherman, cuyo tronco mide unos 10 m de ancho, mientras que el más alto es una secuoya con unos 116 m de altura.

La forma, las hojas y el color, el patrón y el tacto de la corteza indican de qué especie es cada árbol. La corteza desempeña un papel importante en la protección del árbol contra los insectos y los hongos, además de evitar que el árbol se seque. Los árboles jóvenes tienen la corteza fina, y a medida que envejecen, esta se agrieta y se pela, lo que resulta en un abanico maravilloso de texturas y colores.

El árbol más antiguo que se conoce es un pino longevo, de nombre Matusalén, que crece en las montañas Blancas de California. Supera los 4850 años de edad.

Los árboles tienen gruesas raíces en forma de abanico que fijan el tronco y absorben agua y nutrientes del suelo.

Los árboles tienen cortezas de colores y texturas diferentes. Estos seis tipos de corteza son de árboles de hoja caduca. De izquierda a derecha y de arriba abajo: cerezo tibetano, secuoya, abedul común, arce, plátano de sombra y haya.

Tundra

Las llanuras de tundra cubren aproximadamente el 20 por ciento de la superficie de la Tierra.

El sauce ártico es una de las pocas plantas con flor capaces de sobrevivir en la tundra.

El nombre «tundra» tiene su origen en la palabra finesa *tunturia*, que significa «colina yerma o sin árboles». Y es que, de hecho, el paisaje de la tundra es inhóspito y gélido casi todo el año. A pesar de que se descongela una fina capa de suelo, es tan poco fértil que los árboles no pueden crecer en ella.

La tundra ártica se encuentra en áreas cercanas al polo norte, como Alaska, Islandia y Siberia. Este yermo paisaje sin árboles choca por un motivo concreto: durante los meses de verano se forman polígonos, que son patrones de formas de varias caras. Surgen porque la fina capa de tierra sobre el suelo helado o rocoso se va congelando y descongelando. La capa de hielo permanente, o permafrost, no deja que el agua se vaya. Las grietas del suelo se hielan y se derriten, y el agua se acumula en las pozas en forma de polígono.

En verano, los diseños poligonales cubren las superficies planas de la tundra de la península de Taimyr en Siberia, Rusia.

Pantano tropical

En El Pantanal viven unos
10 millones de caimanes.

«Pantanal» tiene su origen en la palabra portuguesa
pântano, que significa «gran ciénaga».

Durante la estación húmeda, el pantano tropical de El Pantanal cubre partes de Brasil, Bolivia y Paraguay.

Como mínimo durante una parte del año, El Pantanal, en Sudamérica, es el pantano tropical de agua dulce más grande del mundo. Durante la estación húmeda —entre noviembre y marzo—, las cálidas lluvias tropicales azotan las montañas que tiene alrededor, inundan el área y hacen que suba el nivel del agua. Las praderas quedan empapadas y se crean ciénagas y lagunas.

La inundación hace que El Pantanal sea muy fértil: en él vive una increíble variedad de casi 5000 especies de plantas y animales. Después de marzo, El Pantanal empieza a secarse y contiene más tierra y menos agua. Las charcas se hacen más pequeñas y los peces tienen que nadar más juntos. Las aves se lanzan en bandada para pescarlos. Más tarde, durante la estación seca, la hierba vuelve a crecer en el fértil suelo rico que había quedado bajo el agua de la inundación.

Ciénaga de manglar

Los mangles son
halófilos, es decir,
les gusta la sal.

Existen unas 80 especies
diferentes de mangles.

Los mangles crecen en la arena y el barro de las costas tropicales cálidas de todo el mundo. Son un tipo de árbol poco usual, porque prolifera en agua salada. Tienen unas raíces largas y enmarañadas que les ayudan a fijarse en el barro, y respiran aire cuando el nivel del agua es tan bajo que sus raíces dejan de estar bajo el agua. También tienen unas hojas raras: gruesas y cerosas, lo que evita que la sal las acabe secando.

Con el paso del tiempo, las raíces de mangle se ramifican y forman grandes extensiones de bosque que protegen contra las tormentas costeras. Muchos animales tienen su morada en los manglares, ya sea correteando entre las raíces y las ramas, nadando por el agua o enterrándose en el barro y la arena.

Esta ciénaga de manglar está en el Parque Nacional Los Haitises de la República Dominicana.

Arrozales en terrazas

Hacen falta cinco meses para que la planta del arroz pase de ser una semilla a una planta madura, que es cuando se cosecha.

La isla de Luzón, en Filipinas, cuenta con unos verdes y preciosos arrozales en terrazas esculpidos en las laderas de las colinas. Sus creadores son el pueblo ifugao, que lleva miles de años en la región. Las aldeas de los ifugao se encuentran entre las terrazas; las casas de los campesinos se conocen como *bales*, y los graneros, como *alang*.

Las laderas son demasiado empinadas para que los campesinos las puedan cultivar, así que han construido terrazas escalonadas con muros de piedra o barro. Estas áreas planas, conocidas como arrozales en terrazas, sirven para cultivar el arroz. Cuando llueve, el agua de los bosques de las colinas baja montaña abajo a través de canales para acabar en las charcas que sirven para regar los arrozales en terrazas. Todos los aldeanos cuidan las charcas, las terrazas y los canales de agua año tras año para que su pueblo siempre tenga arroz suficiente. Cada generación enseña a la siguiente, así los niños saben qué tendrán que hacer en el futuro.

Los arrozales en terrazas de Luzón tienen más de 2000 años de antigüedad.

Estos arrozales en terrazas de los ifugao se encuentran en la aldea de Batad, en el norte de la isla de Luzón.

En el sistema de pólderes, se cavaron zanjas para drenar el agua y recuperar tierra firme. Mientras que antiguamente el agua se bombeaba con molinos de viento, hoy en día lo más habitual es hacerlo con bombas eléctricas.

Tierra firme nueva

A los Países Bajos, el nombre le queda que ni pintado: gran parte de este país europeo está cerca o por debajo del nivel del mar, y por eso, los Países Bajos siempre han vivido bajo el riesgo de acabar inundados. Hace unos 2500 años, los habitantes de la región apilaron montículos de tierra y construyeron sus casas encima para que estuvieran secas. Estos montículos se conocen como terps, y para conservarlos levantaron pequeños muros, o diques, a su alrededor. Después drenaron la tierra firme y usaron molinos de viento para bombear el agua por los canales y hacia el mar. Esta nueva tierra firme seca y recuperada se conoce como pólder. Esta práctica continúa vigente en la actualidad, pero ahora se usan bombas eléctricas, además de diques, presas y barreras contra tormentas, para proteger los pólderes.

Aproximadamente el 20 por ciento de los Países Bajos es terreno conquistado al mar.

El paisaje de pólderes de Polder Wormer Jisp en Nek está 19 km al norte de Ámsterdam, en los Países Bajos.

Glosario

actividad geotérmica magma ardiente que calienta el agua bajo tierra

aleación metal que se crea mezclando dos o más tipos de metales

algas tipo de organismo vegetal acuático sin tallos ni hojas

arco lunar fenómeno de luz causado por la luz de la luna cuando cruza gotitas de agua; solo aparece de noche

arcoíris de niebla fenómeno de luz de aspecto blanco o de colores muy sutiles que se origina cuando las diminutas gotitas de agua de la niebla descomponen la luz del sol

atmósfera capas de gases alrededor de la Tierra

brazo muerto lago o poza en forma de U que se forma cuando un meandro del río queda separado del cauce principal

calcita mineral incoloro o blanco hallado en rocas sedimentarias y metamórficas

caldera gran cráter formado tras la erupción y posterior colapso de un volcán

cordillera capas de roca que suben juntas y se doblan para crear una cadena de montañas

corriente dirección en la que se mueve el agua en un océano o río

corteza capa exterior de la Tierra por encima del manto; incluye tanto la corteza continental como la corteza oceánica

corteza continental capa de roca que constituye la tierra firme continental y la plataforma continental superficial que la rodea

corteza oceánica capa de la corteza terrestre bajo el océano

delta fluvial vega en forma de triángulo en un terreno llano cerca del mar

dorsal mediooceánica cordillera submarina en la que se forma corteza oceánica nueva

ecosistema todas las plantas y los animales que viven juntos en un tipo de entorno concreto

epicentro punto de la superficie terrestre situado directamente sobre el foco de un terremoto

erosión desgaste gradual y retirada de roca o suelo causados por agua, viento o hielo

escala de dureza de Mohs escala que sirve para medir la dureza relativa (la capacidad de rayar) de los minerales; su creador fue Friedrich Mohs

espeleotema formación de roca natural que aparece en una cueva, como por ejemplo estalactitas, estalagmitas o perlas de las cavernas

estratovolcán volcán de cono muy inclinado compuesto por capas de lava y ceniza erupcionadas

falla fractura en la que una roca se ha desplazado respecto de otra

fisura grieta en el suelo

foco punto bajo tierra en el que se desencadena un terremoto

fuente hidrotermal fisura en el lecho oceánico profundo, a menudo cerca de alguna actividad volcánica que emite líquidos calientes y ricos en minerales

geólogo científico que estudia los orígenes, estructura y materiales que componen la Tierra

glaciar capas de nieve que se apilan en un río de hielo y que avanzan ladera abajo por su propio peso

glaciar de piedemonte glaciar en forma de abanico que se abre en la base de una colina

halo fenómeno visual que aparece cuando los cristales de hielo del cielo reflejan la luz del sol y crean un arco blanco o de color, o un halo, o círculo entero

hielo cristalino sustancia que consiste en minúsculos cristales en forma de aguja formados por agua superfría

hoja caduca árbol o arbusto que pierde sus hojas en alguna estación

iceberg estriado iceberg rayado, por ejemplo, con franjas azules y blancas

lago de cráter cuerpo de agua situado en el interior de un cráter volcánico circular

lava magma fundido que ha erupcionado hasta la superficie de la Tierra a través de volcanes o fisuras en el suelo

maelstrom remolino grande y potente

magma roca caliente fundida que se ha formado en el manto y la corteza terrestre

manto capa de la Tierra entre la corteza y el núcleo externo

mena roca de la que se puede extraer un metal

meteorito meteoro que ha impactado contra la Tierra

meteorización desgaste de las rocas de la superficie de la Tierra causado por el hielo, el viento, el agua, el calor o los agentes químicos; la erosión se lleva sus fragmentos

meteoro estrella fugaz compuesta de roca y residuos espaciales que se calcina al cruzar la atmósfera terrestre

microalgas diminutos organismos vegetales que viven tanto en agua dulce como en el océano

moho frontera entre el manto y la corteza terrestre

montaña de bloque resultado de un bloque de tierra impulsado por encima de otro, cuando el suelo se mueve todo junto

natrón sal de roca volcánica que alcaliniza el agua

neumatocistos bolsas flotantes llenas de aire de las frondas de las algas, como el sargazo

nube asperatus nubes bajas que forman ondas que parecen olas del océano

nube cumulonimbo también conocida como nubarrón, es el único tipo de nube que puede provocar lluvia, granizo, truenos y rayos

nube estratocúmulo nube típica de aspecto blanco y esponjoso

nube lenticular nubes en forma de disco que se apilan en el cielo; suelen aparecer cerca de áreas de montaña

nube madreperla nubes de color rosa y que solo aparecen en las regiones polares

nube mastodóntica nube media de forma bulbosa; a menudo indica que se acercan rayos y truenos

nube noctilucente nubes altas que aparecen tras el ocaso en los atardeceres cálidos de verano

núcleo compuesto principalmente de níquel y hierro, el sólido núcleo interno de la Tierra está envuelto por un núcleo externo que es líquido

oasis manantial de agua en un desierto cálido y árido

permafrost capa del suelo que permanece helada durante años

piroclasto roca formada por erupciones volcánicas explosivas, como bloques de lava, lapilli y polvo volcánico

plataforma continental parte de un continente sumergida bajo el océano

precipitación horizontal gotitas de agua de nubes que se posan sobre las hojas de los árboles y las empapan

proliferación de algas gran masa de microalgas en un cuerpo de agua

rápidos agua que avanza a gran velocidad por el lecho de un río poco profundo y con rocas

roca ígnea roca formada a partir de magma o lava solidificados

roca metamórfica roca formada a partir de rocas sometidas a cambios por calor o presión intensos

roca sedimentaria roca formada a partir de sedimentos comprimidos, endurecidos y cementados, como la piedra caliza y la arenisca

sapropel sedimentos del lecho oceánico profundo

sima agujeros en la superficie de rocas blandas creados por el agua de la lluvia

sobrefusión acción de bajar la temperatura de un líquido por debajo del punto de congelación sin que se vuelva sólido

terremoto liberación de la presión que se acumula cuando dos placas tectónicas quedan enganchadas entre ellas

troposfera capa más baja de la atmósfera terrestre

tsunami ola enorme provocada por un terremoto submarino o por un desprendimiento

vega área de tierra plana al lado de un río que se inunda

Guía visual

Núcleo, página 8

Manto, página 10

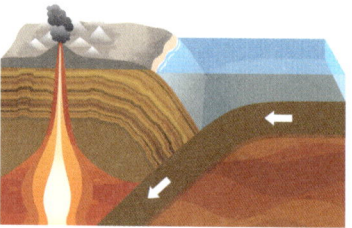

Corteza rocosa, página 12

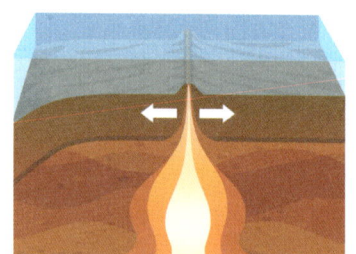

El camino del gigante, página 14

Cráter Barringer, página 16

Torre del Diablo, página 20

Rocas irisadas, página 22

Fósiles, página 24

Mármol, página 26

Metales, página 28

Amatista, página 32

Diamante, página 34

Entre dos placas, página 40

Falla, página 42

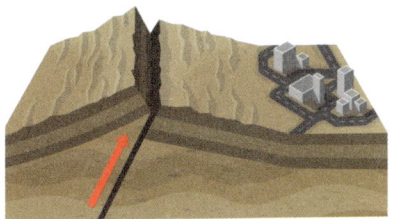

Montañas que crecen, página 44

Pliegues de roca, página 46

Cúpula de sal, página 48

Hijo del Krakatoa, página 50

Nube de ceniza, página 52

Lava pahoehoe, página 54

Lava a'a, página 56

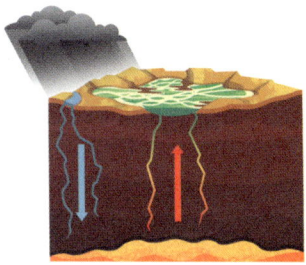

Pozas de ácido, página 58

Géiser, página 60

Isla volcánica, página 64

Farallones, página 66

Panal de piedra, página 70

Formaciones rocosas, página 68

Acantilados de creta, página 72

Desprendimiento, página 74

Alud, página 76

Río trenzado, página 82

Formas de ríos, página 84

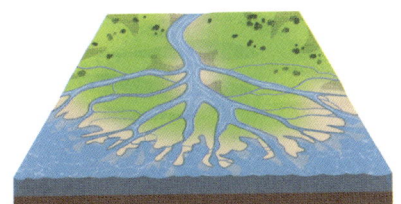

Delta fluvial, página 86

Arcoíris líquido, página 88

Cascada, página 90

Lago salado, página 92

Lago del Cráter, página 94

Fiordo, página 96

Cueva gigante, página 98

Espeleotemas, página 100

Perlas de las cavernas, página 102

Chimeneas submarinas, página 106

Nódulos de manganeso, página 108

Sapropel oceánico, página 110

Olas, página 112

Remolino, página 114

Arrecife de coral, página 116

Atolón de coral, página 118

Bosque de algas, página 120

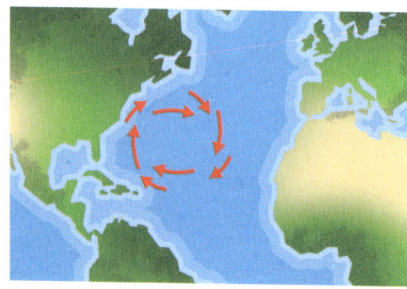

Sargazo, página 122

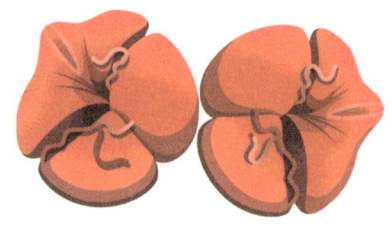

Marea roja, página 124

Monstruos de nieve, página 128

Glaciar, página 130

Banquisa, página 132

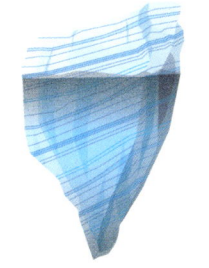

Iceberg rayado, página 134

Hielo azul, página 136

Cueva de hielo, página 138

Cascada helada, página 140

Auroras, página 146

Viento, página 148

Nubes, página 150

Nube de tormenta, página 152

Lluvia, página 154

Tornado, página 156

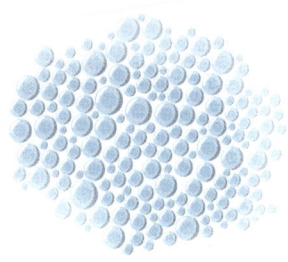

Niebla, página 158

Granizo, página 160

Tormenta de hielo, página 162

Copos de nieve, página 164

Arcoíris, página 166

Arcos y halos, página 168

Tormenta eterna, página 170

Grietas de barro, página 172

Desierto cálido, página 178

Desierto frío, página 180

Seta rocosa, página 182

Arena, página 184

Karst, página 186

Sabana, página 188

Bosque templado, página 190

Eucalipto arcoíris, página 192

Bosque de niebla, página 194

Taiga, página 196

Árboles del bosque, página 198

Tundra, página 200

Pantano tropical, página 202

Ciénaga de manglar, página 204

Arrozales en terrazas, página 206

Tierra firme nueva, página 208

Índice

Edición sénior Marie Greenwood
Diseño Brandie Tully-Scott, Kanika Kalra
Edición adicional Manisha Majithia
Diseño de cubierta sénior Elle Ward
Documentación iconográfica sénior Sakshi Saluja
Diseño de maquetación Vijay Kundwal,
Dheeraj Singh
Edición ejecutiva Jonathan Melmoth
Edición ejecutiva de arte Diane Peyton Jones,
Ivy Sengupta
Edición de producción sénior Nikoleta Parasaki
Control de producción John Casey
Coordinación de cubierta Magda Pszuk
Dirección editorial Sarah Larter

Asesoramiento Dra. Rebecca Williams

De la edición en español:
Coordinación editorial Tinta Simpàtica
Composición y maquetación Sara García Pérez
Traducción Ruben Giró Anglada
Dirección editorial Elsa Vicente

Publicado originalmente en Gran Bretaña
en 2023 por Dorling Kindersley Limited
DK, 20 Vauxhall Bridge Road, Londres, SW1V 2SA
Parte de Penguin Random House

DK desea dar las gracias a: Kieran Jones y Abi Maxwell por su asistencia editorial; Charlotte Jennings y Bettina Myklebust Stovne por el diseño adicional; Caroline Hunt por la revisión de los textos; Helen Peters por el índice; Lynne Murray por su asistencia en la documentación iconográfica; Daniel Long por las ilustraciones destacadas; Angela Rizza por las ilustraciones de los patrones y la portada; Tuba Syed por el tratamiento de datos.

Sobre la autora:
Cally Oldershaw es geóloga y gemóloga. Es autora de quince libros sobre piedras preciosas y también ha publicado libros sobre ciencias de la Tierra en los que habla de volcanes, terremotos, y océanos y mares. Cally ha aparecido en televisión y radio, y ha sido conservadora de piedras preciosas en el Museo de Historia Natural de Londres.

Créditos fotográficos

Los editores agradecen a los siguientes su amable permiso para la reproducción de sus fotografías: (Clave: a: arriba; b: abajo/debajo; c: centro; d: derecha; e: extremo; i: izquierda; s: superior)

4 Alamy Stock Photo: Alexisaj (si); Elizabeth Nunn (sd). **Dreamstime.com:** Baloncici (bi); Bjrn Wylezich (bd). **6-7 Science Photo Library:** Gary Hincks (c). **8-9 Dreamstime.com:** PhotoChur. **10 Alamy Stock Photo:** E. R. Degginger. **12-13 Dreamstime.com:** Maciej Bledowski (b). **14-15 Getty Images / iStock:** benedek. **16-17 Science Photo Library:** Herve Conge, ISM. **18 Dorling Kindersley:** Oxford University Museum of Natural History (c). **20-21 Shutterstock.com:** Edwin Verin. **22-23 Getty Images:** kittisun kittayacharoenpong. **24-25 Dorling Kindersley:** Royal Tyrrell Museum of Palaeontology, Alberta, Canadá (b). **26-27 Getty Images:** Sian Seabrook. **28 Dreamstime.com:** Bjrn Wylezich (b). **28-29 Dreamstime.com:** Bjrn Wylezich (sc). **29 Dreamstime.com:** Bjrn Wylezich (b). **30 Dorling Kindersley:** Oxford University Museum of Natural History (bi). **31 Dorling Kindersley:** Natural History Museum, Londres (bc). **Dreamstime.com:** Geografika (bi). **32 Dreamstime.com:** Bohuslav Jelen. **34 Dreamstime.com:** Roberto Junior (d). **35 Dreamstime.com:** Thelightwriter (i). **36 Alamy Stock Photo:** Kip Evans (si). **AWL Images:** Guy Edwardes (sd). **Getty Images:** Monica Bertolazzi (b); Jim Sugar (sc). **41 Alamy Stock Photo:** Martin Strmiska. **42 Alamy Stock Photo:** Phil Degginger. **44-45 4Corners:** Bernd Grundmann. **46-47 Alamy Stock Photo:** Matthijs Wetterauw. **48-49 Alamy Stock Photo:** Saeed Abdolzadeh. **50-51 Shutterstock.com:** Deni_Sugandi. **53 AWL Images:** Frank Krahmer. **54-55 Getty Images:** Matt Anderson Photography. **57 Alan Cressler. 59 Alamy Stock Photo:** Zoonar / Artush Foto. **60-61 Getty Images:** Nikolay Pandev / EyeEm. **62 Alamy Stock Photo:** Vincent M / Andia (bi); LWM / NASA / LANDSAT (si). **Robert Harding Picture Library:** Planet Observer (cdb). **63 Alamy Stock Photo:** Planet Observer / Universal Images Group North America LLC (c). **Getty Images / iStock:** graphixel (bd). **64 AWL Images:** Marco Bottigelli. **66-67 Dreamstime.com:** Taras Vyshnya. **68-69 Dreamstime.com:** Minnystock. **70-71 Shutterstock.com:** Fotimageon. **72-73 Getty Images / iStock:** Alphotographic. **74-75 Alamy Stock Photo:** Adelheid Nothegger / imageBROKER. **76 Shutterstock.com:** Andrei Kovin. **78 Alamy Stock Photo:** Martin Strmiska (s). **AWL Images:** Frank Krahmer (cd). **Dreamstime.com:** Anna Komissarenko (bd); Pniesen (bi). **82-83 Andre Ermolaev. 84-85 Alaska Region U.S. Fish & Wildlife Service:** Kristine Sowl. **86-87 Getty Images:** Planet Observer / Universal Images. **88-89 Alamy Stock Photo:** travel4pictures. **90-91 Dreamstime.com:** Caterina Unger. **92-93 Alamy Stock Photo:** Alexander Bee. **94-95 Getty Images / iStock:** JeffGoulden. **96 Getty Images / iStock:** tomch. **98 Getty Images:** Ryan H / 500px. **101 Robert Harding Picture Library:** Nick Upton. **102-103 Robert Harding Picture Library:** Ryan Deboodt. **104 123RF.com:** Cholsasub Woravichan (sc/Tortuga marina). **Alamy Stock Photo:** Brandon Cole Marine Photography (cdb); MYN / Sheri Mandel / Nature Picture Library (ci). **Dreamstime.com:** Ingvars (ci); Krzysztof Odziomek (sc, sd); Harvey Stowe (ca). **naturepl.com:** David Shale (cd). **105 123RF.com:** willyambradberry (sc). **Alamy Stock Photo:** David Shale / Nature Picture Library (cd); Adisha Pramod (cb). **naturepl:** David Shale (bd). **107 MARUM- Center for Marine Environmental Sciences, University of Bremen:** Center for Marine Environmental Sciences, University of Bremen (CC-BY 4.0). **108-109 Science Photo Library:** NOAA Office Of Ocean Exploration And Research, 2019 Southeastern US Deep-Sea Exploration. **110 Science Photo Library:** Steve Gschmeissner. **112-113 Getty Images / iStock:** Philip Thurston. **115 Getty Images:** Ray Massey. **116-117 Getty Images / iStock:** cinoby. **118-119 Getty Images / iStock:** Zhao Liu. **120-121 Getty Images:** Douglas Klug. **122-123 Dreamstime.com:** Massimilianofinzi. **125 Science Photo Library:** Bill Bachman. **126 Alamy Stock Photo:** H. Mark Weidman Photography (bi). **Dreamstime.com:** Martyn Unsworth (c). **Science Photo Library:** Louise Murray (ci). **127 123RF.com:** Raldi Somers / gentoomultimedia (bc). **Alamy Stock Photo:** Andr Gilden (sd); RIEGER Bertrand / hemis.fr (ci). **Dreamstime.com:** Andrei Stepanov (cd). **128-129 Getty Images:** David Mareuil / Anadolu Agency. **130-131 Shutterstock.com:** Nicolaj Larsen (ci). **132-133 Florian Ledoux Photography. 134 Alamy Stock Photo:** Martin Harvey. **136-137 Alamy Stock Photo:** Eric Dietrich / Hedgehog House / Minden Pictures. **138 Getty Images:** coolbiere photograph. **141 AWL Images:** Tom Mackie. **142 Dreamstime.com:** Tawatchai Prakobkit (s). **Getty Images:** Martin Harvey (cd). **Getty Images / iStock:** heathernemec (bd). **Science Photo Library:** Jim Reed Photography (ci). **144 Dreamstime.com:** Wisconsinart (cda). **145 123RF.com:** Leonello Calvetti (cd). **Alamy Stock Photo:** D. Hurst (cda). **Photolibrary:** Corbis (ca). **146 Alamy Stock Photo:** Robert Haasmann / imageBROKER. **148-149 Alamy Stock Photo:** mauritius images GmbH. **150 Alamy Stock Photo:** Per-Andre Hoffmann / Image Professionals GmbH (sd); Katho Menden (si); Mike Grandmaison / All Canada Photos (bi). **Dreamstime.com:** Menno Van Der Haven (ci). **Getty Images:** Ozkan Bilgin / Anadolu Agency (cd). **152-153 Jim Reed Photography. 154-155 Alamy Stock Photo:** Nigel Roake. **156-157 Alamy Stock Photo:** Jason Persolf Stormdoctor / Cultura Creative Ltd. **158-159 Alamy Stock Photo:** David Wall. **160 Alamy Stock Photo:** Silvia Bragagnolo / EyeEm. **162-163 Getty Images / iStock:** carlosbezz. **164 Science Photo Library:** Kenneth Libbrecht (ci, bi, cd). **165 Science Photo Library:** Kenneth Libbrecht (si, sd). **166 Alamy Stock Photo:** Andy Rouse / Nature Picture Library. **168 Dreamstime.com:** Chayanan Phumsukwisit (b). **Getty Images:** Martin Rügner (c). **naturepl.com:** Erlend Haarberg (s). **171 Alamy Stock Photo:** Ministerio de Turismo / Xinhua. **172-173 Getty Images / iStock:** temizyurek. **174 Getty Images:** Timothy Allen (bc); Arturo Castaneyra (s); Tim Hester / EyeEm (ci). **naturepl.com:** Ugo Mellone (ci). **176 Alamy Stock Photo:** Don Johnston_ON (cb). **Dreamstime.com:** Erectus (cda); Sergey Korotkov (ca); Positivetravelart (cdb). **177 Dreamstime.com:** Antonpetrus (cda); George Burba (cia); Max5128 (ca); Hel080808 (cdb); Zorro12 (cib); Eugen Haag (cb). **178-179 Alamy Stock Photo:** Ernie Janes / Nature Picture Library (b). **180-181 Alamy Stock Photo:** TravelCollection / Image Professionals GmbH. **182-183 Getty Images / iStock:** cinoby. **184 Science Photo Library:** Dirk Wiersma (si). **184-185 Dreamstime.com:** Sergey Kolesnikov (c). **185 Dreamstime.com:** µ € (sd). **Science Photo Library:** Dirk Wiersma (bd). **186-187 Getty Images / iStock:** aphotostory. **188-189 Alamy Stock Photo:** Eric Baccega / naturepl.com (b). **190-191 Getty Images / iStock:** DenisTangneyJr. **192 Shutterstock.com:** gg-foto. **194-195 naturepl.com:** Nick Hawkins. **196-197 Getty Images / iStock:** Onfokus. **198 Alamy Stock Photo:** Krystyna Szulecka Photography (cd). **Getty Images:** Wolfgang Filser / EyeEm (bd); Louise Docker Sydney Australia (si); Gado Images (sd); Arterra / Universal Images Group (ci); Jordan Lye (bi). **200-201 Dreamstime.com:** Vladimir Melnik. **202-203 Getty Images:** Natphotos. **204-205 Alamy Stock Photo:** Kevin Schafer / Minden Pictures. **206-207 Dreamstime.com:** Rodrigolab. **208 Alamy Stock Photo:** frans lemmens

Imágenes de la cubierta: *Cubierta frontal:* **Alamy Stock Photo:** Thomas Marent / Minden Pictures cia; **Dorling Kindersley:** Natural History Museum, Londres cdb; **Dreamstime.com:** Olga Khoroshunova cda, Monkeygreen cd, Rumos sc; **Getty Images / iStock:** cinoby bi; **Science Photo Library:** Steve Gschmeissner ca

Resto de las imágenes © Dorling Kindersley. Para información adicional ver: www.dkimages.com